This Book Comes With Free Bonus Puzzles
Available Here:

BestActivityBooks.com/WSBONUS20

5 TIPS TO START!

1) HOW TO SOLVE

The Puzzles are in a Classic Format:

- Words are hidden without breaks (no spaces, dashes, ...)
- Orientation: Forward & Backward, Up & Down or in Diagonal (can be in both directions)
- Words can overlap or cross each other

2) ACTIVE LEARNING

To encourage learning actively, a space is provided next to each word to write down the translation. The **DICTIONARY** allows you to verify and expand your knowledge. You can look up and write down each translation, find the words in the Puzzle then add them to your vocabulary!

3) TAG YOUR WORDS

Have you tried using a tag system? For example, you could mark the words which have been difficult to find with a cross, the ones you loved with a star, new words with a triangle, rare words with a diamond and so on...

4) ORGANIZE YOUR LEARNING

We also offer a convenient **NOTEBOOK** at the end of this edition. Whether on vacation, travelling or at home, you can easily organize your new knowledge without needing a second notebook!

5) FINISHED?

Go to the bonus section: **MONSTER CHALLENGE** to find a free game offered at the end of this edition!

Want more fun and learning activities? It's **Fast and Simple!**
An entire Game Book Collection just **one click away!**

Find your next challenge at:

BestActivityBooks.com/MyNextWordSearch

Ready, Set... Go!

Did you know there are around 7,000 different languages in the world? Words are precious.

We love languages and have been working hard to make the highest quality books for you. Our ingredients?

A selection of indispensable learning themes, three big slices of fun, then we add a spoonful of difficult words and a pinch of rare ones. We serve them up with care and a maximum of delight so you can solve the best word games and have fun learning!

Your feedback is essential. You can be an active participant in the success of this book by leaving us a review. Tell us what you liked most in this edition!

Here is a short link which will take you to your order page.

BestBooksActivity.com/Review50

Thanks for your help and enjoy the Game!

Linguas Classics Team

1 - Antiques

```
А С О Т Ю Ы Р О Я В С С М Э
У Т М И Ъ Р Ү Н Ә М Ә У Ү Н
К И Ж Ы Ғ А Ұ Ж Г А Н Р С Т
Ц Л Ұ Н С Л Ж Ы А Р Д Е І У
И Ь З Д В Я Я Л Л Б І Т Н З
О М Қ А Т И Ү Д Е И К Т Ы И
Н В Ы Р Һ Ц Ч Ы Р О Т Е Г А
Ц Ә Ы Е Ң И Ү Қ Е Ы Ъ Р Ю С
Х Д А Н Ғ Т Ж Т Я Щ Ғ Ғ Х Т
В Е Р Ө Ь С И А Ғ А Б А Ч І
Ф М Я Ғ Ф Е Е Р П И Ц С Е А
Б І К С Е В Х Ы Й А Н Ы Ш Ч
К Ъ Ш Ғ Щ Н Н Й Н Қ С Р Ъ Е
Ә Қ У В Ц И Е Р Е К Ш Е У Н
```

ӨНЕР	ГАЛЕРЕЯ
АУКЦИОН	ИНВЕСТИЦИЯЛАР
ШЫНАЙЫ	ЕСКІ
ҒАСЫР	СУРЕТТЕР
ТИЫНДАР	БАҒА
ОНЖЫЛДЫҚТАР	САПА
СӘНДІК	МҮСІН
ӘДЕМІ	СТИЛЬ
ЭНТУЗИАСТ	ЕРЕКШЕ
ЖИҺАЗ	МӘН

2 - Food #1

```
Ұ Ч П Ң Қ К Ц Ч П С Ц Щ Ғ Й
Ж Е Р Ж А Ң Ғ А Қ И А П Е Р
Е Л А Ъ С Қ Я Ш С О П Л Н Т
В У Һ М М Ғ В Ы Ә Р Р Й А Ц
Ч Е Д Т Ы Ю Р Б Й А Ц П Т Т
Е И Г Ф Р Ж Т Ы І Т О Х Р А
Н А Х Й А Р У Н З Ұ Ғ А О Н
Ь Ы У Ь С Г Н Ы Ө З Қ Л С И
Л І Х Ү Һ Қ Е Б Р П І Ъ А П
Л И Ю У Д А Ц О І Т И У Ы Ш
Й Ь М Н Ғ Н Һ И К Л М Я Қ Й
С Ү Т О Л Т Д А Р Ш Ы Н З Ц
Б Н Ф Ң Н А Л М Ұ Р Т Х Ң Г
Н Щ Қ Ұ Л П Ы Н А Й Ю Е Н А
```

ӨРІК	ЖЕРЖАҢҒАҚ
АРПА	АЛМҰРТ
РАЙХАН	САЛАТ
СӘБІЗ	ТҰЗ
ДАРШЫН	СОРПА
САРЫМСАҚ	ШПИНАТ
ШЫРЫН	ҚҰЛПЫНАЙ
ЛИМОН	ҚАНТ
СҮТ	ТУНЕЦ
ПИЯЗ	РЕПА

3 - Measurements

```
С  Р  Т  Е  М  И  Т  Н  А  С  Т  Б  Х  Ұ
А  Ә  Е  Н  І  И  И  К  М  У  Е  И  Ү  З
Л  И  Г  О  Б  Р  Н  Ұ  Ж  Ш  Р  І  О  Ы
М  Ұ  Ф  Р  Т  Т  О  У  Р  Я  Е  К  Д  Н
А  О  П  Т  А  Е  Т  Ъ  Т  Л  Ң  Т  Д  Д
Қ  Н  М  И  Д  М  М  Ө  Е  Ң  Д  І  Р  Ы
Ч  Д  А  Л  Ю  О  М  В  М  Й  І  Г  Ц  Қ
Ү  Ы  С  С  Й  Л  А  Ю  О  Ә  К  І  Ю  Щ
К  Қ  С  Ш  М  И  Р  Д  Ә  Р  Е  Ж  Е  Т
Ғ  Ө  А  Е  Д  К  Г  Б  У  Н  Ц  И  Я  В
Ъ  Й  Л  А  І  У  О  А  Ф  И  М  Ь  Б  Я
О  Ұ  Ш  Е  Ц  Т  Л  Й  Щ  Ш  В  Я  Ш  О
Ү  Ф  Н  Ь  М  В  И  Т  Х  Н  І  Г  М  Я
И  М  Щ  М  Д  У  К  Д  М  Ф  Ю  С  Н  Һ
```

БАЙТ	ҰЗЫНДЫҚ
САНТИМЕТР	ЛИТР
ОНДЫҚ	МАССА
ДӘРЕЖЕ	МЕТР
ТЕРЕҢДІК	МИНУТ
ГРАММ	УНЦИЯ
БИІКТІГІ	ТОН
ДЮЙМ	КӨЛЕМ
КИЛОГРАММ	САЛМАҚ
КИЛОМЕТР	ЕНІ

4 - Farm #2

```
Р С Ж Щ К Т А М А Қ Ә Л И Й
Ч Ү А Ш Ж Ю Ф Ұ Ш С А Р П А
Й Т Н Г Б Б Ұ Е О С А Т Л Д
Л Ы У У Һ С П К Р І В Р С И
А Х А Р А Д З А Қ М В Я А Б
М Л Р А Ү Ә Қ Ю Ә Е Е Р О Й
А У Л У Й Н Ұ О И Ж Ж Р Ш Ж
Ж А А С Р К Ұ Р З Ү Е О Т М
Р Ш Р Ө Е Ф Ф Ь У Ы Р Т Ғ Ч
У Қ О Й К И К С І Н Ө К Ө К
Ш А Б Ы Н Д Ы Қ М Ұ Я А Ғ Ғ
Ц Б К Ю Ш Р Ө Ц С Й Ю Р В Қ
Ъ Ү Я Ы Ж Й А Ө М Ъ Ц Т Л Ф
Х В И А А Ц Ө Ю У Х Ғ Х Ә Б
```

ЖАНУАРЛАР	ҚОЗЫ
АРПА	ЛАМА
САРАЙ	ШАБЫНДЫҚ
ДӘН	СҮТ
ҮЙРЕК	БАҚША
ФЕРМЕР	ҚОЙ
ТАМАҚ	ТРАКТОР
ЖЕМІС	КӨКӨНІС
ҚАЗДАР	БИДАЙ
СУАРУ	

5 - Books

```
Ш Ә Ъ Х Ж П Э Ә А Ч Д И Қ И
А М З Ұ О Ф П Д П Ң Һ Ю О Ш
Д Я У І Ц Ұ И Е О Р Ъ Т С О
Ц Б К Е Л Ж К Б Э Ь Щ Ц А Ъ
Т А Р И Х И А И З С Ъ Ә Р К
Ө Ң І И Р А Л Я И Р Е С Л О
Ө Н Ң П Х Б Ы Д Я Щ П Ь Ы Н
Я Е Е Ш Я Е Қ Ж И Н А Қ Л Т
Л Л Л Р О Т В А Р П Ғ Г Ы Е
Ь Ң Ө И Т Е Б П Е С И Р Қ К
Ф Ч Й В Т А Щ Ъ Д Ғ Қ Ж Ү С
Ш Ы Қ Қ А Н Б М З Ө О У Ж Т
Қ А Й Ғ Ы Л Ы Ы Ө Р О М А Н
Щ О Қ Ы Р М А Н С У У Ү Г О
```

ШЫҚҚАН	РОМАН
АВТОР	БЕТ
ЖИНАҚ	ӨЛЕҢ
КОНТЕКСТ	ПОЭЗИЯ
ҚОСАРЛЫЛЫҚ	ОҚЫРМАН
ЭПИКАЛЫҚ	СЕРИЯЛАР
ТАРИХИ	ОҚИҒА
ӘЗІЛ	ҚАЙҒЫЛЫ
ӨНЕРТАБЫС	СӨЗДЕР
ӘДЕБИ	

6 - Meditation

```
Ң  С  І  Ь  Қ  Ы  Т  Қ  Ы  Н  А  Ү  П  М
Щ  Д  Ғ  Ә  Т  О  М  Ғ  Ә  І  Я  Й  Е  Е
Н  Д  Ы  Г  П  Ы  З  А  Қ  Ы  Л  Р  Р  Й
М  У  З  Ы  К  А  Н  Ғ  Ұ  О  Х  Е  С  І
Т  А  Б  И  Ғ  А  Т  Ы  А  Й  Қ  Н  П  Р
Қ  А  Б  Ы  Л  Д  А  У  С  Л  Ш  У  Е  І
Т  Ы  Н  Ы  Ш  Т  Ы  Қ  Ә  А  Ы  К  К  М
А  Ә  Е  Е  Р  Ш  Ч  Р  А  Ц  Л  С  Т  Д
Л  Д  І  Ү  А  В  Ж  К  Я  Ү  Щ  У  И  І
Ғ  Е  Ә  Д  З  Т  Ы  Н  Ы  Ш  Ң  Р  В  Л
Ы  Т  В  Р  А  Л  Й  О  Р  Л  Ө  І  А  І
С  Т  Ү  Я  Н  Ю  А  Ү  Я  І  Ч  Е  О  К
Һ  Е  Қ  Ы  Л  Р  Ы  Ш  А  Н  А  Ж  Ұ  Ц
Ү  Р  А  Л  Я  И  Ц  О  М  Э  У  Ц  Қ  Ю
```

ҚАБЫЛДАУ	МЕЙІРІМДІЛІК
НАЗАР	ОЙ
ОЯНУ	АҚЫЛ
ТЫНЫС АЛУ	ҚОЗҒАЛЫС
ТЫНЫШ	МУЗЫКА
АНЫҚТЫҚ	ТАБИҒАТ
ЖАНАШЫРЛЫҚ	ПЕРСПЕКТИВА
ЭМОЦИЯЛАР	ТЫНЫШТЫҚ
АЛҒЫС	ОЙЛАР
ӘДЕТТЕР	ҮЙРЕНУ

7 - Days and Months

```
Қ  К  Ү  Н  Т  І  З  Б  Е  Ч  М  һ  Ж  О
А  Т  П  А  Я  Я  Й  У  Д  Ғ  С  И  Ұ  І
Р  Т  Г  Л  У  У  Ц  І  Б  Н  Е  С  М  Б
А  Т  А  И  А  Я  Ю  Б  З  Ы  Р  У  А  Н
Ш  Т  Қ  М  Е  І  Б  Н  Е  С  К  Е  Ж  Е
А  Ң  А  Ш  Ы  Қ  У  Е  Д  Л  І  Ш  Ұ  С
Й  Ч  З  И  Ж  З  Ы  С  І  Г  Ф  Ұ  А  Й
Ө  Ч  А  Ъ  Ъ  Д  Ь  Р  А  Т  Ң  А  Қ  Е
Ө  Р  Н  І  Т  Н  И  Ә  К  Р  Й  Ж  Ф  С
А  Й  А  І  Б  Н  Е  С  Й  Ү  Д  Ы  К  М
Ш  Л  Ң  Қ  Ч  Ғ  П  Г  В  һ  Й  Л  К  Ж
Ж  Н  һ  Ө  П  С  Ә  У  І  Р  Х  Е  Д  Ы
Ә  А  Ө  Т  І  А  М  Ь  О  Щ  Қ  Ы  К  К
Ы  Ү  Қ  Ч  І  Б  Н  Е  С  Й  Е  Б  Я  Ң
```

СӘУІР	ҚАРАША
ТАМЫЗ	ҚАЗАН
КҮНТІЗБЕ	СЕНБІ
АҚПАН	ҚЫРКҮЙЕК
ЖҰМА	ЖЕКСЕНБІ
ҚАҢТАР	БЕЙСЕНБІ
ШІЛДЕ	СЕЙСЕНБІ
НАУРЫЗ	СӘРСЕНБІ
ДҮЙСЕНБІ	АПТА
АЙ	ЖЫЛ

8 - Energy

```
Я О Т Ы Н О Т О Ф С Б Я Ж Ж
Г Ф К Р Э І Қ К И У Е Д Ы А
А Е І Ң Ь Н К Е Н Т Н Р Л Ң
О Т Л Т Ж У Т Т Я Е З О У А
Т У Р Б И Н А Р Ю К И Й Ұ Р
У Н Т О Ж Е Л І О Ә Н Ч Д Т
И А К Ш Н С К М В П Б Ө Щ Ы
Б Т Е Ф Х А Д Ө Л П И Ө Б Л
М С Л А Х Р Ғ К К Ғ Ұ Я А А
С А Э Ү Й Ъ Т А Ғ Т Ь О Т Т
Ь Л Е З И Д А Ғ Ш І О В А Ы
Ө Н Е Р К Ә С І П Р Л І Р Н
У Б Ш Ы Қ Т Л А Ғ З О Қ Е Д
Ғ К Ы Ф М О Т О Р У У Қ Я М
```

БАТАРЕЯ
КӨМІРТЕК
ДИЗЕЛЬ
ЭЛЕКТРЛІК
ҚОЗҒАЛТҚЫШ
ЭНТРОПИЯ
ҚОРШАҒАН ОРТА
ОТЫН
БЕНЗИН
ЖЫЛУ

СУТЕК
ӨНЕРКӘСІП
МОТОР
ЯДРОЙ
ФОТОН
ЛАСТАНУ
ЖАҢАРТЫЛАТЫН
ТУРБИНА
ЖЕЛ

9 - Archeology

```
Ф Ұ В Һ К Й К Ө Н Е Е З Й Ұ
Б Р М Ө Ю Ы К Ф А Ы Ж Е Л П
Е Е А Ы Ө Т Ш Й С Ш Е Р Қ Ж
Л Т Р Г Т Е А Р Э П Л Т Ө Ұ
Г К Х Х М Ы Ь Л Ш А Г Т Р М
І Е Ұ Б Ұ Е Л Т Д Р І Е К Б
С Й Й Қ Л Н Н Ғ Н А Щ У Е А
І Ү І А Һ М Г Т А С У Ш Н Қ
З С Ұ Б Д Ю Ч Ф Т Н Ш І И Ө
Х Ү С І Н Ю К И Л Е Р Х Е А
Ъ К Ю Р О Б Ы Ғ А П Р Ұ Т Л
Б А Ғ А Л А У У Й У В Л Щ В
Р С Х К О М А Н Д А Б З А Қ
К Л Н Ы С А Н Д А Р Е Н В А
```

ТАЛДАУ	ҚАЗБА
ЕЖЕЛГІ	ФРАГМЕНТТЕР
КӨНЕ	ЖҰМБАҚ
СҮЙЕКТЕР	НЫСАНДАР
ӨРКЕНИЕТ	РЕЛИК
ҰРПАҒЫ	ЗЕРТТЕУШІ
ЭРА	КОМАНДА
БАҒАЛАУ	ХРАМ
САРАПШЫ	ҚАБІР
ҰМЫТЫЛҒАН	БЕЛГІСІЗ

10 - Food #2

```
К В М Ң Ъ Б Й Һ А Ц Щ Ы Я Ц
И В Ч У Ү И О Қ А Н А З Ы Қ
В Ц Е Ұ Т Д Г А М Л А Т Ц Б
И Ъ Т Т Х А У Л Б А Л Ы Қ А
Х Һ Ү М Ч Й Р Ұ Ш Х Ъ Ң Ц Л
К Ү Р І Ш И Т Қ Ф Л Р С Ғ Д
А Ч Ы Ц Р Р Н У Ч Ы Ф В Ф Ы
Й Қ С Қ Н Ә Н А Н А Б Ғ Б Р
Щ Н Л У А Қ Т Р Ы М Ұ Ж Ү К
А Р Т И Ш О К Ы Д Л Я А Б Ө
Ш О К О Л А Д Ң Ж Ү З І М К
Т А У Ы Қ Р Х А Ғ С Ч Ш Ю Ъ
М Щ Д Й Б А Ф С Я Ж Ү Ә И Г
Н К Ч Ұ Д Б Р О К К О Л И Е
```

АЛМА	БАЯЛДЫ
АРТИШОК	БАЛЫҚ
БАНАН	ЖҮЗІМ
БРОККОЛИ	ВЕТЧИНА
БАЛДЫРКӨК	КИВИ
СЫР	САҢЫРАУҚҰЛАҚ
ШИЕ	КҮРІШ
ТАУЫҚ	ҚЫЗАНАҚ
ШОКОЛАД	БИДАЙ
ЖҰМЫРТҚА	ЙОГУРТ

11 - Chemistry

```
Ъ К О Р Г А Н И К А Л Ы Қ С
З З Ө Ү С Я Ъ Р О К Х Ц Н І
А Ұ Ұ М Ш Р О Ө А Ы Е Қ Р Л
Г Т Й Т І С Ұ Й Ы Қ Т Ы Қ Т
Т Т О Ң О Р О Л Х М Ф Ф Й І
Х Е Р М Ж Р Т Р Б Й Ә Н Й Л
Ф Ұ Д Щ Ц Ғ С Е О Т Т Е К І
Ж Е Я Ц Һ А Л У К Е Л О М К
Ы Ұ Р Т Е М П Е Р А Т У Р А
Л Ш М М С У Т Е К Н Д Һ Ж Й
У Г Һ У Е К Қ Ы Ш Қ Ы Л Ш С
Ь Ш И Н С Н О Р Т К Е Л Э Д
К Һ Қ Ъ Ф О Т С А Л М А Қ Р
Р О Т А З И Л А Т А К Ж Ә О
```

ҚЫШҚЫЛ	СУТЕК
СІЛТІЛІК	ИОН
АТОМ	СҰЙЫҚТЫҚ
КӨМІРТЕК	МОЛЕКУЛА
КАТАЛИЗАТОР	ЯДРОЙ
ХЛОР	ОРГАНИКАЛЫҚ
ЭЛЕКТРОН	ОТТЕК
ФЕРМЕНТ	ТҰЗ
ГАЗ	ТЕМПЕРАТУРА
ЖЫЛУ	САЛМАҚ

12 - Music

Р	М	О	М	Ф	Қ	Ы	Л	А	К	И	Р	И	Л
К	И	К	У	Ы	Ю	Р	Ж	А	З	У	Һ	С	Қ
Ж	К	Ч	З	Х	Р	Ғ	Ч	П	Ъ	Қ	Щ	Ұ	Ы
Ъ	Р	Ю	Ы	Ө	Л	А	Ғ	Ы	Щ	Ю	Ы	Е	Л
Х	О	А	К	Ъ	Д	Қ	Е	Г	У	Ц	Р	С	А
Ө	Ф	Д	А	Й	Ш	Т	У	Б	Т	Ж	Д	Һ	К
Ә	О	А	Н	Ф	Б	Ы	Ы	Б	І	Е	Р	К	И
Н	Н	Л	Т	А	Л	Ь	Б	О	М	Ц	М	Ъ	Т
Ш	К	Л	А	С	С	И	К	А	Л	Ы	Қ	П	Э
І	Г	А	Р	М	О	Н	И	К	А	Л	Ы	Қ	О
Р	Щ	Б	Е	А	Ғ	Х	Е	Г	Ж	А	Ы	Ъ	П
И	А	Х	П	Ү	Ғ	Ұ	Б	У	У	Р	О	Т	И
Т	Й	М	О	Ө	Ө	О	Й	Ұ	Ә	Ұ	Ы	И	Ц
М	Һ	Е	Ң	Р	Т	Ъ	І	Қ	Ж	Қ	Й	Й	А

АЛЬБОМ
БАЛЛАДА
ХОР
КЛАССИКАЛЫҚ
ГАРМОНИКАЛЫҚ
ҚҰРАЛ
ЛИРИКАЛЫҚ
ӘУЕН
МИКРОФОН

МУЗЫКАНТ
ОПЕРА
ПОЭТИКАЛЫҚ
ЖАЗУ
РИТМ
ЫРҒАҚТЫ
ӘНШІ
ТЕМПО

13 - Family

Ы	А	К	Б	У	Я	Х	А	Н	Ә	Т	Б	Ә	Р
Ж	С	Т	Ү	П	В	С	Р	Е	П	Й	А	Ғ	А
И	О	А	А	Й	Ң	Ұ	Ғ	М	К	У	Л	Я	Б
Е	Л	Й	Ғ	С	Е	Б	Ы	Е	Е	І	А	Ө	Ш
Н	І	Һ	И	А	Ы	У	А	Р	Һ	Н	Л	М	Щ
Е	Г	І	З	Д	Е	Р	Т	Е	І	Ә	Ы	Ы	П
Ж	Т	Ә	Т	Е	Р	Р	А	С	Ә	Й	Қ	С	Г
Ә	Н	Е	М	Е	Р	Е	Е	І	К	Е	Ш	Л	Т
Б	А	Н	А	Р	А	Қ	Ү	М	Е	Л	А	Щ	Л
А	О	Й	Ж	Ц	Л	Ы	Һ	В	Е	Ғ	Қ	Щ	Ь
Л	Я	Қ	Ұ	М	А	З	Т	У	Г	Н	А	Ғ	А
А	В	Й	Т	Ң	Л	Ы	С	Р	Ф	Т	Д	П	Т
К	Ұ	О	Ь	Ю	А	С	Н	Б	Е	Т	Н	И	К
И	Г	К	Қ	С	Б	Ш	Н	Ы	В	Х	Ғ	Ғ	Һ

 АРҒЫ АТА
ТӘТЕ
АҒА
БАЛА
БАЛАЛЫҚ ШАҚ
БАЛАЛАР
НЕМЕРЕ АҒАСЫ
ҚЫЗЫ
НЕМЕРЕ
АТАСЫ

ӘЖЕ
НЕМЕРЕСІ
КҮЙЕУ
АНА
ЖИЕН
ӘКЕ
ӘПКЕ
ЕГІЗДЕР
АҒАЙ
ӘЙЕЛ

14 - Farm #1

Г	Ч	И	Қ	Ғ	А	М	Қ	О	К	У	Л	Б	У
О	Е	М	Н	Ц	Р	Ы	О	Ә	Т	Н	Б	Ң	Х
Қ	А	Р	Ғ	А	А	С	Р	Т	И	А	Ұ	Ж	Й
С	Ң	Н	Ұ	Т	Б	Ы	Ш	Ұ	Қ	К	Р	Д	Ц
Б	И	Ю	Ю	А	Ш	Қ	А	Қ	Ы	Ъ	Ө	К	Ғ
Ж	Ұ	Ы	Ө	У	С	Ж	У	Ы	П	І	Ш	Е	Н
Ы	Н	З	Р	Ы	һ	Ы	Ю	М	Р	К	В	С	О
Л	Ф	Ң	А	Қ	Ж	А	Ф	Д	Ч	Ш	Е	Е	З
Қ	Д	Қ	Х	У	Ы	Б	Ұ	А	П	Е	Н	І	И
Ы	Н	Ц	Ц	Ү	Ш	А	Д	Р	Ұ	Ф	Ъ	И	Б
Г	Ү	Б	Т	Ұ	С	Л	Т	И	Г	Е	Ы	В	Ц
У	Щ	Ғ	Т	Ы	Ң	А	Й	Т	Қ	Ы	Ш	Х	І
Ұ	У	К	Ү	Р	І	Ш	Ө	Р	І	С	Ь	Ң	Г
О	Б	Д	Ң	Г	Я	Ә	Ч	Щ	Т	С	Қ	А	Б

АРА	ТЫҢАЙТҚЫШ
БИЗОН	ӨРІС
БҰЗАУ	ОТАР
МЫСЫҚ	ЕШКІ
ТАУЫҚ	ПІШЕН
СИЫР	БАЛ
ҚАРҒА	ЖЫЛҚЫ
ИТ	КҮРІШ
ЕСЕК	ТҰҚЫМДАР
ҚОРШАУ	СУ

15 - Camping

```
Щ  Ү  Ъ  А  Л  Я  Ө  Ы  Г  Р  П  Ь  Х  Қ
Ю  О  Н  Н  Қ  Х  Ө  Ь  Қ  А  Х  Р  Я  Ы
Э  О  Н  А  К  І  Д  Н  Ә  Ж  М  Л  Й  З
П  Ш  Т  Қ  С  А  П  М  О  К  Г  А  Ж  Ы
А  Ә  А  Қ  Ө  Й  Я  Ә  Н  Д  Ь  І  К  Қ
Н  Ң  Х  Ы  Һ  І  Р  Т  А  У  Т  А  М  А
И  І  А  Ш  И  Ө  Ң  Қ  М  Ж  М  Ү  Л  Т
Б  Ю  Ң  У  Ж  Ң  В  Ц  Р  Ы  Т  А  Ш  А
А  Ц  Ғ  П  Л  Д  Щ  Ф  О  Ғ  Ч  Л  Ь  Б
К  Ф  Ч  О  Р  А  Л  Р  А  У  Н  А  Ж  И
К  А  Р  Т  А  Ң  У  А  Р  Қ  А  Н  С  Ғ
Н  Б  Ж  Ч  Ү  В  Л  Ә  І  Ь  Р  Л  А  А
Щ  С  Ү  Д  А  Д  Р  Й  Қ  М  Г  Ұ  А  Т
А  Ғ  А  Ш  Т  А  Р  Р  А  Ц  Ұ  К  Ө  Л
```

ШЫҚҚАН	АҢ АУЛАУ
ЖАНУАРЛАР	ЖӘНДІК
КАБИНА	КӨЛ
КАНОЭ	КАРТА
КОМПАС	АЙ
ОТ	ТАУ
ОРМАН	ТАБИҒАТ
ҚЫЗЫҚ	АРҚАН
ГАМАК	ШАТЫР
ХАТ	АҒАШТАР

16 - Algebra

```
Д С Ы З Ы Қ Т Ы Қ Э Ч Ф Ф Б
Т И М М Ш Ш К Н Ъ К Ъ О Г Ш
А Е А Г Р А Ф Ш О С Ә Р Ж Е
О Й Ң Г Һ Х Ө Ы Ә П Ы М А К
Ң М Н Д Р Ә Щ Ъ В О Т У Қ С
А А А Ы Е А И Л Ө Н Һ Л Ш І
Й Т Ғ Ө М У М У Ш Е Ш А А З
Л Р Л Ш І А У М Щ Н Р Ч Ж Е
А И А О Ш В Л Д А Т Р Ө Ю В
Т Ц Ж Ш Е Ц А Ы Ф А К Т О Р
У А Б С Ш Х Ө П Ж В Ъ А А Г
Ь Г Х А С Ө Ү П Ш Я Ү Е Ү Р
Һ А И Н І Т Н Б Я Ф Д Л Щ Л
М Е Ө Ү Ү М Ә С Е Л Е Ж Һ Ә
```

ДИАГРАММА	САН
ТЕҢДЕУ	ЖАҚША
ЭКСПОНЕНТ	МӘСЕЛЕ
ФАКТОР	ОҢАЙЛАТУ
ЖАЛҒАН	ШЕШІМ
ФОРМУЛА	ШЕШУ
ГРАФ	АЛУ
ШЕКСІЗ	АЙНЫМАЛЫ
СЫЗЫҚТЫҚ	НӨЛ
МАТРИЦА	

17 - Numbers

Ы	Н	Ъ	Ә	Б	Ы	Я	Қ	Ф	Ж	І	Ч	Ц	Р
А	Ж	О	А	Л	Т	Ы	Ү	Ш	И	Щ	Б	О	Д
Қ	Ъ	Һ	Н	Ш	Ц	Ъ	Ю	Ө	Ы	О	Е	Н	Б
Б	Ш	Ц	Ч	Д	К	Е	Ц	О	Р	О	С	Т	Л
О	І	К	Е	З	Ы	Ғ	О	Т	М	О	Н	О	Л
Қ	К	Р	Ә	Е	Т	Қ	А	Р	А	Т	Ж	Ғ	Л
С	Е	Б	Н	О	Л	Л	Н	Ө	Т	Р	Н	Ы	С
Һ	Н	М	У	Ф	А	Х	Г	Т	Д	Ө	Ү	З	Е
К	О	Л	И	Т	Н	О	Н	Ж	Е	Т	І	Ө	Г
И	Й	Ә	Һ	Ъ	О	Һ	Ъ	И	І	Н	Т	Ш	І
С	Һ	И	Ч	З	І	Г	Е	С	Н	О	Е	К	З
Г	Ц	В	Р	Я	Щ	Ш	Ф	Й	Ж	Н	Ж	И	Ж
П	У	М	А	В	Х	П	Х	Ғ	Ю	Ү	С	Д	Н
Ә	Ғ	Ғ	Ұ	О	Ф	Й	Р	Ч	Г	Ш	Р	П	Ъ

ОНДЫҚ	ЖЕТІ
СЕГІЗ	ОН ЖЕТІ
ОН СЕГІЗ	АЛТЫ
ОН БЕС	ОН АЛТЫ
БЕС	ОН
ТӨРТ	ОН ҮШ
ОН ТӨРТ	ҮШ
ТОҒЫЗ	ОН ЕКІ
ОН ТОҒЫЗ	ЖИЫРМА
БІР	ЕКІ

18 - Spices

```
Ф И Ұ М Қ Ю Қ Т Қ Ә З Ә О З
Ш Е Т Ұ З А М Ш Қ Қ Я Ь Д І
А Р Н Ф Ң Л Л Х О Ш И І С М
Ф И Ы У Ь Ч Ы А І Қ П Т С Б
Р З Л Р Г Ф С У М Н Ы Т А І
А Ү Ъ Ч Ъ Р Ь Т Г П Т Ә Р Р
Н І А Я Щ У Е Д К Р Ы Т Ы Д
Ы Н П П Қ М І К Ф Ъ Щ Р М Н
Ш Г А И Е К А Р Р И А Й С А
Р А П В А Н И Л Ь Р Г Ь А И
А Н Р К А Р Д А М О Н Ү Қ Р
Д И И М Г Я Щ М Ө О В Ө Е О
И С К Ө К С А Ы И Г Қ І Ш К
Ұ М А Ц Һ Ш Ғ С Щ Я И Ъ Б Ә
```

АНИС	ХОШ ИІС
АЩЫ	САРЫМСАҚ
КАРДАМОН	ЗІМБІР
ДАРШЫН	МИЯ
ҚАЛАМПЫР	ПИЯЗ
КОРИАНДР	ПАПРИКА
ЗИРЕ	ШАФРАН
КАРРИ	ТҰЗ
АСКӨК	ТӘТТІ
ФЕНУГРЕК	ВАНИЛЬ

19 - Universe

```
Қ  У  Ғ  Р  А  Ш  Ы  Т  Р  А  Ж  Т  Е  Ы
Қ  А  Р  Е  Ф  С  О  М  Т  А  Ю  Е  Ғ  Ч
Ы  У  Р  Ш  Ф  Э  Т  Қ  Ұ  Ң  Ы  Р  А  Қ
Ғ  Н  А  А  Ф  О  Р  Р  О  Т  А  В  К  Э
О  А  Қ  А  Ң  Н  Т  Ю  О  Щ  Ъ  Д  И  А
Р  Ө  Р  М  Ч  Ғ  Ү  Х  Ю  Н  П  Ә  Г  С
Б  П  Ө  Ы  Ь  Й  Ы  Һ  Р  П  О  Х  К  П
И  М  Ғ  Ш  Ш  К  С  Л  Қ  Ң  К  М  Е  А
Т  Һ  Ь  В  Ц  І  Т  Б  Ы  Х  С  З  И  Н
А  А  Й  Ү  Ъ  Д  Ұ  Щ  К  Қ  Е  О  Ж  Я
А  С  Т  Р  О  Н  О  М  Ъ  Ф  Л  Д  К  С
М  К  Ң  Я  П  Е  Ө  Ұ  Т  К  Е  И  Ө  І
К  Ө  Р  І  Н  Е  Т  І  Н  Ү  Т  А  К  А
А  С  Т  Е  Р  О  И  Д  Е  Н  С  К  Ю  Ф
```

АСТЕРОИД	ЕНДІК
АСТРОНОМ	АЙ
АСТРОНОМИЯ	ОРБИТА
АТМОСФЕРА	АСПАН
ҒАРЫШ	КҮН
ҚАРАҢҒЫЛЫҚ	ҚҰҢЫРАҚ
ЭОН	ТЕЛЕСКОП
ЭКВАТОР	КӨРІНЕТІН
ЖАРТЫ ШАР	ЗОДИАК
КӨКЖИЕК	

20 - Mammals

```
Ә  М  Г  Һ  Р  Ж  Ң  Ж  Ь  Ъ  Г  З  К  І
Д  Е  Л  Ь  Ф  И  Н  И  Г  У  М  Е  Я  Л
Р  Ә  Щ  М  Й  Г  А  Р  Л  Б  Ы  Б  М  Ү
Қ  Ю  С  К  Ү  Һ  В  А  Ү  Л  Е  Р  К  Ъ
О  А  Қ  Ұ  Б  Қ  Ц  Ф  Н  К  Ә  А  В  Ъ
Я  Л  Р  О  Й  Қ  А  Ю  У  К  Ү  Д  Ұ  Н
Н  Л  К  Ы  Ъ  Ч  Щ  С  Г  С  А  Д  Ц  Н
К  И  Ү  І  С  Й  Ю  П  Қ  Ы  С  Ы  М  І
О  Р  Х  Ц  О  Т  И  В  І  Ы  Қ  Л  Ы  Ж
Й  О  Т  В  Б  В  А  У  О  Л  Р  Ы  Ә  Ш
О  Г  Ү  У  Р  У  Г  Н  Е  К  Е  М  С  А
Т  Н  Л  Ю  Ү  Ы  Г  Ә  Ө  Н  В  Й  О  Қ
С  И  К  Т  Я  Я  Е  Ғ  Ұ  А  И  А  П  Б
Й  Ұ  І  К  И  Т  Ь  А  К  Р  Б  М  Ю  С
```

АЮ	ГОРИЛЛА
БИВЕР	ЖЫЛҚЫ
БҰҚА	КЕНГУРУ
МЫСЫҚ	АРЫСТАН
КОЙОТ	МАЙМЫЛ
ИТ	ҚОЯН
ДЕЛЬФИН	ҚОЙ
ПІЛ	КИТ
ТҮЛКІ	ҚАСҚЫР
ЖИРАФ	ЗЕБРА

21 - Restaurant #1

```
И Н Г Р Е Д И Е Н Т Т Е Р Д
Н А Н И М Ю Һ Ф И Ш Ң Й Т Е
Н Х Ч С М А А О П Ы Ш А Қ С
Р Т Е С Ж Ә Л К Б Ң Һ Н П Е
Д И Ң А Т С З Л Л Ц Х Е Т Р
Ғ У Й К А С Й І Е Ғ Я Я І Т
Т А М А Қ У Т Н Р Р Б Т О П
Ц Д Г Ц Ы Ш Я А Д С Г Р Б С
М Н Ү Ш Л Һ Һ Ғ У С Ү И О Т
Ы О Ш А Й Ф Ю А Г Ы П Ү Я И
Ғ Р Я Щ А И Я Т Ғ Н Қ Һ Й Ғ
Ю Б О Ы М Й Ү С А Г Я Б Ь Ғ
Т Ұ З Д Ы Қ Ә О Т Щ В С Ш Х
К Қ Ж Б Й Ч Ш Т Ч Ү Ә Ң П Ж
```

АЛЛЕРГИЯ	АС ҮЙ
ТОСТАҒАН	ПЫШАҚ
НАН	ЕТ
КАССИР	МӘЗІР
ТАУЫҚ	МАЙЛЫҚ
КОФЕ	БРОНДАУ
ДЕСЕРТ	ТҰЗДЫҚ
ТАМАҚ	АЩЫ
ИНГРЕДИЕНТТЕР	ДАЯШЫ

22 - Photography

```
К  М  І  Ш  І  П  К  О  Н  Т  Р  А  С  Т
Й  Ө  Ь  Ә  Х  Е  Ь  Ж  П  Й  Ң  Р  Ч  Д
У  Һ  Р  У  Т  Р  А  С  М  Ұ  Ж  А  Л  Ә
Ъ  Ж  Б  М  Н  С  Қ  Ъ  М  Ұ  Ю  Қ  Щ  П
В  Т  Ю  К  Е  П  Ы  Р  Ы  Қ  А  Т  А  Ө
В  Ц  М  И  Р  Е  Л  Е  К  Ң  Е  Л  Ө  К
Ж  Ы  С  Ж  Ю  К  Ы  М  А  Р  Ұ  Қ  П  Ы
Т  Қ  М  Ә  Қ  Т  Ғ  П  Щ  Ы  Қ  Щ  О  Д
Е  К  Н  И  Ш  И  Ң  О  Ө  В  Ғ  Я  Й  Л
Р  Щ  А  Щ  А  В  А  М  А  Т  Қ  Ы  Н  А
Т  Ү  С  М  Г  А  Р  У  Т  С  К  Е  Т  У
Р  П  Ы  Ш  Е  Р  А  Ү  Я  В  Д  Й  У  З
О  У  Н  М  Ұ  Р  Қ  Ц  Й  М  Ш  Б  Ю  И
П  У  Р  Ы  Д  Н  А  Т  Қ  Ы  Р  А  Ж  В
```

ҚАРА	ЖАРЫҚТАНДЫРУ
КАМЕРА	НЫСАН
ТҮС	ПЕРСПЕКТИВА
ҚҰРАМЫ	ПОРТРЕТ
КОНТРАСТ	КӨЛЕҢКЕЛЕР
ҚАРАҢҒЫЛЫҚ	ЖҰМСАРТУ
АНЫҚТАМА	ТАҚЫРЫП
КӨРМЕ	ТЕКСТУРА
ПІШІМ	ВИЗУАЛДЫ

23 - Sports

```
Б Г И М Н А З И Я Т Ү В К Г
Е О Й Ы Н О И Д А Т С Г О Қ
Й В Е Л О С И П Е Д Т Б М О
С Ч Е М П И О Н А Т Ң Ж А З
Б С Ф Қ Я Ұ Т Е Н Н И С Н Ғ
О Е Ь Щ Һ Ә Ә Й Ч Ы Л Һ Д А
Л Т Л О Б Т Е К С А Б А А Л
Ә Ө Ө І Й Д И Ж Ұ У Г Қ Ь Ы
Ъ Р Г Һ Е Ы Ш Т Р О П С С С
Ы Е Ы Ю К Ц Н Ь Ү Ү Ч Ш Л Ң
Ғ Ш О О К Ч В Ш Й Ц Ж Ү У Т
Д І Й Ь О Е Ғ Ү Ы Л Ө Ч С Щ
Щ П П Ү Х Ж Е Ң І М П А З Н
Ұ У Қ Г И М Н А С Т И К А О
```

СПОРТШЫ	ХОККЕЙ
БЕЙСБОЛ	ҚОЗҒАЛЫС
БАСКЕТБОЛ	ОЙЫНШЫ
ВЕЛОСИПЕД	ТӨРЕШІ
ЧЕМПИОНАТ	СТАДИОН
ОЙЫН	КОМАНДА
ГОЛЬФ	ТЕННИС
ГИМНАЗИЯ	ЖЕҢІМПАЗ
ГИМНАСТИКА	

24 - Weather

```
А Я Ц Ө Д Т Т Б Х Й М Т Н Қ
Л Е Ж Қ Ь Ү Р К Ұ Ү Ұ Ң Ъ Ұ
А С П А Н Л О Й Л Л З В Щ Р
Қ Ұ Р Ғ А Қ П Д Ш И Т А Ж Ғ
Л І Я С Х Ж И Ц Ы Ю М Я Е А
Г Б Л Ц В Ү К Т Н М Щ А Л Қ
М Ъ О П І Ч А Ұ Ы Р Қ Р Т Ш
А Ш П К Қ Ю Л М Т И Ғ Ы Ұ Ы
Б Ұ Л Т Т Ы Ы А У Ш Ш Ц Л Л
Й А Һ Ж Б Ъ Қ Н Я М Г Ь Ы Ы
Т Е М П Е Р А Т У Р А Ш У Қ
Н А Й З А Ғ А Й Ш Щ Һ Ұ А А
Т О Р Н А Д О Б Ғ А Ғ Ү Д Е
А Т М О С Ф Е Р А Ь Т Щ Қ Ә
```

АТМОСФЕРА	МҰЗ
ТЫНЫШ	НАЙЗАҒАЙ
КЛИМАТ	ПОЛЯР
БҰЛТ	АСПАН
БҰЛТТЫ	ДАУЫЛ
ҚҰРҒАҚШЫЛЫҚ	ТЕМПЕРАТУРА
ҚҰРҒАҚ	ТОРНАДО
ТҰМАН	ТРОПИКАЛЫҚ
ДЫМҚЫЛ	ЖЕЛ

25 - Adventure

Р	Б	Й	К	І	Л	І	Д	Н	Е	С	Л	Е	Б
М	Е	А	Е	К	А	Т	А	Ғ	И	Б	А	Т	О
Э	Ү	Ә	Һ	І	Б	І	Й	Е	Т	П	Ы	Ғ	Б
К	С	М	Х	Д	Ә	Ғ	Ы	Н	Ц	Ф	Ш	Ғ	Т
С	А	М	К	З	І	Ұ	Н	Қ	Й	Ц	А	Ж	Е
К	Я	А	Қ	І	Ь	Қ	Д	Щ	Ә	А	Н	С	У
У	Х	Р	А	С	Н	Ы	Ы	Р	А	Т	С	О	Д
Р	А	Ш	У	П	Ү	Д	Қ	Е	С	Ж	А	Ң	А
С	Т	Р	І	І	И	Н	І	Ш	Ұ	Ы	Л	Ь	Л
И	Т	У	П	У	Ң	Ы	Л	К	Л	Н	О	Е	М
Я	А	Т	Т	А	Ң	И	Р	Е	У	Т	Ъ	І	Л
У	Р	К	І	Қ	Д	Қ	Ғ	Р	Л	А	М	Ұ	Ю
Қ	У	А	Н	Ы	Ш	Ф	Б	Е	Ы	І	Д	Ы	Н
Н	А	В	И	Г	А	Ц	И	Я	Қ	Р	Ұ	Ж	С

БЕЛСЕНДІЛІК	ҚУАНЫШ
СҰЛУЛЫҚ	ТАБИҒАТ
ШАНС	НАВИГАЦИЯ
ҚАУІПТІ	ЖАҢА
ҚИЫНДЫҚ	МҮМКІНДІК
ЫНТА	ДАЙЫНДЫҚ
ЭКСКУРСИЯ	ҚАУІПСІЗДІК
ДОСТАР	САЯХАТТАР
МАРШРУТ	ЕРЕКШЕ

26 - Sport

И	Ш	Ч	Й	П	К	Қ	С	Д	В	Ң	А	Б	Ұ
С	Ү	Й	Е	К	Т	Е	Р	П	Е	Һ	Е	В	Ы
Қ	К	Ц	Х	У	Е	Щ	Ю	Ң	О	Н	С	Й	Д
А	Р	Ә	Г	Н	Ш	Ъ	Ү	Ч	Б	Р	Е	Г	Р
Б	Қ	Ы	Л	А	К	И	Л	О	Б	А	Т	Е	М
І	Ы	Ж	Ш	Т	М	Б	С	В	Я	К	Х	Ш	Ф
Л	Ү	Ғ	Қ	Ң	А	П	Ч	Ш	Ю	П	Ь	Ы
Е	У	Г	Б	А	Ғ	Ө	О	М	А	Қ	С	А	Т
Т	А	І	Ъ	М	М	У	Р	К	Ы	Т	Қ	Ъ	Ш
Л	С	Р	И	А	Т	Ь	Т	Е	Ә	Ә	Е	Ұ	И
М	Н	У	Л	Т	Ұ	Л	Ғ	А	Й	Т	У	И	Һ
Ц	Е	Т	Ө	З	І	М	Д	І	Л	І	К	І	Д
М	Д	Е	П	И	С	О	Л	Е	В	Х	Ш	І	І
Я	Я	Ж	А	Т	Т	Ы	Қ	Т	Ы	Р	У	Ш	Ы

ҚАБІЛЕТ
СПОРТШЫ
ДЕНЕ
СҮЙЕКТЕР
ЖАТТЫҚТЫРУШЫ
ВЕЛОСИПЕД
БИ
ДИЕТА
ТӨЗІМДІЛІК

МАҚСАТ
ДЕНСАУЛЫҚ
ЖҮГІРУ
ҰЛҒАЙТУ
МЕТАБОЛИКАЛЫҚ
ТАМАҚТАНУ
СПОРТ
КҮШ

27 - Circus

```
Г К Б М А У С Ь Ъ Р И А К Ж
С Ә Щ Р А К Ы З У М О Р Ө А
Ч У Ұ К Е Й Ж Х Я Ә Д Ы Р Н
Ң Ұ Ғ П І Л М Х А Т С С Е У
Һ Б Щ У Т И Г Ы С Я Ю Т Р А
Ш Ф Ғ Т Ә Б И Н Л Ғ Ж А М Р
Ғ Ә П А Н Г И М О Х О Н Е Л
К Л М Б Ү Е Ы Л Ф Ж Л Т Н А
Р О К О С Т Ю М Е Р Б М Г Р
С Я И Р А Л Р А Ш Т А Ы Я Ұ
О Щ Р К Г Е Ы Н Ч Һ Р Ю Ь Ц
І Ш Т А М Р Т Ы Л Р Ы Қ И С
К Л О У Н Ю А П В Ц С П Е П
Ф Ш Е Р У Д Ш С И Қ Ы Р Ш Ы
```

АКРОБАТ	СИҚЫРШЫ
ЖАНУАРЛАР	МАЙМЫЛ
ШАРЛАР	МУЗЫКА
КЛОУН	ШЕРУ
КОСТЮМ	КӨРЕРМЕН
ПІЛ	ШАТЫР
ЖОНГЛЕР	БИЛЕТ
АРЫСТАН	ЖОЛБАРЫС
СИҚЫРЛЫ	ТРИК

28 - Restaurant #2

```
Щ  Һ  Т  М  Ұ  З  К  Р  Е  С  Л  О  Ә  Е
С  Ц  О  С  Қ  Ж  Ұ  М  Ы  Р  Т  Қ  А  Щ
Й  Л  Р  Ч  У  Ғ  С  У  Ъ  Е  Ғ  Ъ  О  Х
М  Н  Т  В  А  С  Қ  Д  А  Я  Ш  Ы  Б  Л
С  С  Қ  Ъ  Я  Ж  Ы  Қ  Ш  Ы  Н  А  Ш  И
А  А  Ы  І  Т  Е  С  Н  Ъ  Й  М  П  А  А
І  І  Л  Е  М  М  А  Ұ  Д  Д  Ә  М  Д  І
К  К  А  А  П  І  Қ  Е  М  Х  С  Қ  Ю  Н
С  Ш  Б  В  Т  С  О  Т  Ұ  З  О  Ь  И  П
Ү  Е  К  У  М  Л  Ж  Ң  Һ  Ү  Р  С  Р  Ң
Т  К  Е  М  И  Н  Ж  Х  Ү  Ң  П  Ұ  Я  Ь
Ә  Т  С  Ч  С  Ң  Ң  Ф  К  Ғ  А  Ч  Ц  Ө
Қ  Ә  П  Д  Ә  М  Д  Е  У  І  Ш  Т  Е  Р
Е  Р  Е  Т  С  І  Н  Ө  К  Ө  К  Б  І  В
```

СУСЫН	ТҮСКІ АС
ТОРТ	КЕСПЕ
КРЕСЛО	САЛАТ
ДӘМДІ	ТҰЗ
КЕШКІ АС	СОРПА
ЖҰМЫРТҚА	ДӘМДЕУІШТЕР
БАЛЫҚ	ҚАСЫҚ
ШАНЫШҚЫ	КӨКӨНІСТЕР
ЖЕМІС	ДАЯШЫ
МҰЗ	СУ

29 - Geology

```
С Т А Л А К Т И Т Ү З Қ Ю М
Ц И К Л Д А Р Ц Г С И Ұ Т А
М Д Д Я И З О Р Э Т К Р Т Р
И Я Т Ь Қ Щ Т А С І Ж Л Ө Ж
Н Ъ Р Қ А Г Й В Ч Р М Ы А А
Е М А А Я Е Ю К Л Т І Қ П Н
Р Ә Д З Й Й Я Ү Д Л Ң Г Я Ц
А Ж Л Б Ә З Қ Ң Һ О Б І Ң В
Л Ж А А Б Е Ц А В А Л О Қ Ү
Д К Т Ғ Ұ Р Й Ш Б Һ П Я Ы О
А Н С О М Қ У Т Ө А І У Ш Ә
Р Я И К А Л Ь Ц И Й Т Н Қ Ә
Ж Е Р С І Л К І Н І С І Ы Ц
П Я К Ж А Н А Р Т А У Й Л Ң
```

ҚЫШҚЫЛ	ГЕЙЗЕР
КАЛЬЦИЙ	ЛАВА
ҮҢГІР	ҚАБАТ
ҚҰРЛЫҚ	МИНЕРАЛДАР
МАРЖАН	ҮСТІРТ
КРИСТАЛДАР	КВАРЦ
ЦИКЛДАР	ТҰЗ
ЖЕР СІЛКІНІСІ	СТАЛАКТИТ
ЭРОЗИЯ	ТАС
ҚАЗБА	ЖАНАРТАУ

30 - House

```
П Щ Ж Ә Ж С К А М И Н Г М Ж
Е Ш А М Е И Ы Ц Ф Ъ П Щ Б Е
Р Е Р Т С Ч Һ П Е Ю Д Н Ө Р
Д Д А Е І Ъ Е А Ы Т П Ы Л Т
Е Е Г Р К Д У Ш З Р А Д М Ө
Л Н Р Е Ч Р А У Ғ Ы Ғ С Е Л
Е Д К З А Й Н А Ь Т Р Ы Ү Е
Р Я Ә Е Ш Ү А Ш Ө А Ы Т Ш Й
Е Ф А Ш Қ Д Х Р Т Ш Б Ү Ц Д
Т Я Й Ф А Р П О Ш П А Б Щ Ұ
Т К К Е Б О А Қ Л Ө Қ Ъ А Ы
Л С Ф Щ І Ң Т Г Ш Ө М Я Ң В
І О Е Қ Г Қ І Ғ Р Б Р Ю К В
К Л У Ө Қ М К Ү Ъ Ү Я К Ш К
```

ШАТЫР	БАҚША
ЖЕРТӨЛЕ	КІЛТТЕР
СЫПЫРҒЫШ	АС ҮЙ
ПЕРДЕЛЕР	ШАМ
ЕСІК	КІТАПХАНА
ҚОРШАУ	АЙНА
КАМИН	БӨЛМЕ
ЕДЕН	ДУШ
ЖИҺАЗ	ҚАБЫРҒА
ГАРАЖ	ТЕРЕЗЕ

31 - Physics

Ш	Қ	У	Ь	З	Д	В	Х	Ц	Ә	Н	I	Ө	Һ
Ң	М	Е	Х	А	Н	И	К	А	М	О	Т	А	Қ
Һ	З	Д	Д	Г	С	Һ	Ұ	Х	Б	Р	Б	Л	О
Ғ	И	Ү	Ә	Я	О	С	Һ	Ң	Е	Т	Ө	У	З
О	Т	И	Р	Ф	А	С	А	Е	Б	К	Л	М	Ғ
М	Е	В	Ж	О	Х	Қ	Т	М	А	Е	Ш	Р	А
О	Н	К	Е	Ң	Е	Й	Т	У	П	Л	Е	О	Л
Л	Г	Ш	М	Ө	Ю	Е	Ң	Х	Ф	Э	К	Ф	Т
Е	А	Ө	Б	Ж	Й	Т	Я	Ә	Ә	Й	Ф	Ұ	Қ
К	М	Я	В	М	Ұ	О	Т	Н	Н	О	Й	Ұ	Ы
У	Ь	Т	Н	Е	М	И	Р	Е	П	С	К	Э	Ш
Л	Е	Т	Қ	Ы	Д	М	А	Д	Л	Ы	Ж	Е	Ү
А	Ч	У	Ъ	Ң	Х	И	М	И	Я	Л	Ы	Қ	В
Т	Ы	Ғ	Ы	З	Д	Ы	Қ	Ж	И	I	Л	I	К

ҮДЕУ	ЖИІЛІК
АТОМ	ГАЗ
ХАОС	МАГНЕТИЗМ
ХИМИЯЛЫҚ	МАССА
ТЫҒЫЗДЫҚ	МЕХАНИКА
ЭЛЕКТРОН	МОЛЕКУЛА
ҚОЗҒАЛТҚЫШ	ЯДРОЙ
КЕҢЕЙТУ	БӨЛШЕК
ЭКСПЕРИМЕНТ	ӘМБЕБАП
ФОРМУЛА	ЖЫЛДАМДЫҚ

32 - Dance

```
Р  Қ  Ы  Л  А  К  И  С  С  А  Л  К  Қ  І
И  А  Х  О  Р  Е  О  Г  Р  А  Ф  И  Я  Ф
Т  Л  Ь  Е  Э  А  К  А  Д  Е  М  И  Я  Ж
М  Ы  У  Ъ  М  Ы  К  И  И  Н  Е  Д  Ә  М
С  П  М  В  О  М  У  З  Ы  К  А  Е  Р  М
М  Е  Ә  Ф  Ц  Ж  Ч  С  Т  О  П  Н  Й  Ә
Қ  Ә  Р  Ф  И  Д  Ъ  Е  Ш  Ө  Ы  Е  Д  Н
Ы  Р  Д  І  Я  Р  Ұ  К  Ы  Ю  Н  Ю  Һ  Е
Д  Ң  Л  Е  К  П  К  І  Н  Ю  Һ  Е  Л  Р
Н  Қ  А  Ә  Н  Т  Ш  Р  А  К  Г  Т  Р  Л
Ы  Ұ  К  І  А  И  Е  У  У  В  Ш  І  А  І
Й  Щ  Ь  Е  Ь  Г  Е  С  Қ  Щ  М  Д  М  Ң
А  Г  Г  Ф  Х  С  У  Т  Я  Ж  Ю  Б  Ю  Ғ
Д  Ә  С  Т  Ү  Р  Л  І  Д  Ъ  Ф  Ғ  Ы  Д
```

АКАДЕМИЯ	ҚУАНЫШТЫ
ӨНЕР	СЕКІРУ
ДЕНЕ	МУЗЫКА
ХОРЕОГРАФИЯ	СЕРІКТЕС
КЛАССИКАЛЫҚ	ҚАЛЫП
МӘДЕНИ	ДАЙЫНДЫҚ
МӘДЕНИЕТ	РИТМ
ЭМОЦИЯ	ДӘСТҮРЛІ
МӘНЕРЛІ	

33 - Coffee

```
Т А Р Т У Д П І Ұ Ө Қ В П Ф
Р Ғ Р Н Ю М Л Г Т І А Р А Қ
Ө Г Я М А Г Ф Е Щ О Н К Г І
Ь Ң Ж Ш Щ У Һ Т Н Й Т У Һ С
Н А Ғ Л Ы Р Ы У Қ Ң Д Б Б Ұ
Ы Л Ө Ы Ю Д Д Ғ А К Ж О Р Й
С Ү Қ Қ Л И Л Ы Е Ю Р К Ұ Ы
У И У Ш А Г Д Ш Т Й С Е Х Қ
С Р Ц Ы Д Я Ь Л Л Т А Ң М Т
Б Ү О Қ П А А Д Й Ң Ғ Ч Ң Ы
Қ Й З Г Ы Ө С О Б М Ш П Ғ Қ
Ю Ө Ъ Г Я Қ Ғ У Ө А Ж Ю Г Һ
П Ф В С І И Ш О Х Ж Ғ С У Қ
С Ү Т К О Ф Е И Н Н Ч А Х У
```

ҚЫШҚЫЛ	ТАРТУ
СУСЫН	СҰЙЫҚТЫҚ
АЩЫ	СҮТ
ҚАРА	ТАҢ
КОФЕИН	ШЫҒУ ТЕГІ
КРЕМ	БАҒА
КУБОК	ҚУЫРЫЛҒАН
СҮЗГІ	ҚАНТ
ХОШ ИІС	СУ

34 - Shapes

```
У  Й  Ш  Ы  Р  Ұ  Б  Д  А  Е  Н  К  Ю  Т
Ө  Ұ  Е  Ш  К  Е  Т  Ө  Ч  Х  Щ  Я  Ү  Ғ
У  І  Ң  Г  Г  С  О  Ң  Ү  Ь  Ж  Щ  Ш  Қ
Ж  И  Б  Ь  Қ  Н  О  Г  И  Л  О  П  Ы  А
Я  К  Е  А  Ғ  Ә  Л  Е  А  М  З  И  Р  П
І  О  Р  Ө  С  Ж  Т  Л  Л  С  Ү  Ш  Ұ  О
Д  Н  Ө  С  П  Ф  Й  Е  О  В  Ф  Ж  Б  С
О  У  Ж  П  И  А  М  К  Б  Х  Ө  Е  Т  Ғ
Ғ  С  Ц  И  Л  И  Н  Д  Р  С  Ю  Ү  Р  Й
А  С  Й  Л  М  Ф  Т  Щ  Е  Л  Ъ  Ү  Ө  А
Щ  Ы  М  Л  Ұ  Ө  Ө  Қ  П  Т  Ә  Ұ  Т  Ж
Ң  З  Һ  Э  Қ  С  Л  Қ  И  С  Ы  Қ  С  Һ
Ш  Ы  Р  Ұ  Б  Ш  Ү  Ұ  Г  Ы  Б  Ң  Ң  Ө
Ғ  Қ  П  И  Р  А  М  И  Д  А  Һ  Г  В  Ү
```

ДОҒА	СОПАҚ
ШЕҢБЕР	ПОЛИГОН
КОНУС	ПРИЗМА
БҰРЫШ	ПИРАМИДА
ТЕКШЕ	ТӨРТБҰРЫШ
ҚИСЫҚ	ДӨҢГЕЛЕК
ЦИЛИНДР	ЖАЙ
ЭЛЛИПС	СФЕРА
ГИПЕРБОЛА	ҮШБҰРЫШ
СЫЗЫҚ	

35 - Scientific Disciplines

Н	Е	В	Р	О	Л	О	Г	И	Я	Ы	Ү	Л	Л
Я	И	Г	О	Л	О	И	Б	Х	Ь	С	Ы	Р	И
И	А	С	Т	Р	О	Н	О	М	И	Я	У	Л	Н
Г	Ғ	Ь	Й	Д	Ө	Б	Ч	У	Щ	Ц	Ғ	Л	Г
О	Е	Я	И	Г	О	Л	О	Н	У	М	М	И	В
Л	Б	О	Һ	А	К	И	Н	А	Х	Е	М	И	И
О	И	Б	Л	Қ	Ф	Ю	К	Т	Г	М	Я	Ъ	С
И	О	О	Х	О	А	Н	А	Т	О	М	И	Я	Т
З	Х	Т	Ш	И	Г	Т	Е	Е	Һ	Щ	Г	Ғ	И
И	И	А	Д	Ц	М	И	В	М	Д	Ц	О	Ю	К
Ф	М	Н	Ж	Ы	Ю	И	Я	У	Я	У	Л	Һ	А
А	И	И	И	І	Г	Ф	Я	Е	Ң	Ұ	О	У	А
Ұ	Я	К	Н	Ғ	Щ	Д	С	Л	Ш	Ж	К	К	Ұ
Й	П	А	Ү	Ю	С	С	Ұ	Ә	Ч	К	Э	Ө	Ғ

АНАТОМИЯ
АСТРОНОМИЯ
БИОХИМИЯ
БИОЛОГИЯ
БОТАНИКА
ХИМИЯ
ЭКОЛОГИЯ

ГЕОЛОГИЯ
ИММУНОЛОГИЯ
ЛИНГВИСТИКА
МЕХАНИКА
НЕВРОЛОГИЯ
ФИЗИОЛОГИЯ
ӘЛЕУМЕТТАНУ

36 - Science

```
Ө Р И Н Ф Ф С Г Т З Х Б Ү Ә
М С Һ Б А Б З А Қ Е Д Ө К Ю
О И І А К И З И Ф Р Ь Л Л Һ
Т Ә Н М Т Ә Д І С Т П Ш И Т
А Г Д Е Д К Ж О В Х Х Е М А
Х Х Д Ү Р І К Ц Ш А И К А Б
Ғ А Л Ы М А К У А Н М Т Т И
Ф Щ Й І Ъ С Л Т Х А И Е Б Ғ
А У Ы Р Л Ы Қ Д Е Г Я Р А А
Г И П О Т Е З А А Р Л Ұ Қ Т
Э В О Л Ю Ц И Я Ү Р Ы М Ы Ғ
Д Е Р Е К Т Е Р П Ә Қ Ь Л Г
Э К С П Е Р И М Е Н Т Й А И
М О Л Е К У Л А Л А Р Ә У С
```

АТОМ	ЗЕРТХАНА
ХИМИЯЛЫҚ	ӘДІС
КЛИМАТ	МИНЕРАЛДАР
ДЕРЕКТЕР	МОЛЕКУЛАЛАР
ЭВОЛЮЦИЯ	ТАБИҒАТ
ЭКСПЕРИМЕНТ	БАҚЫЛАУ
ФАКТ	БӨЛШЕКТЕР
ҚАЗБА	ФИЗИКА
АУЫРЛЫҚ	ӨСІМДІКТЕР
ГИПОТЕЗА	ҒАЛЫМ

37 - Beauty

И	Х	Ь	Р	Қ	К	Г	Ъ	У	Г	У	Х	Ө	Т
М	Ю	Ф	А	К	А	О	Ч	І	Ң	Щ	О	Ц	Е
Ғ	Ы	Л	Л	І	Щ	Й	С	І	И	Л	Ш	І	Г
Н	У	К	Й	Д	Я	І	Ш	М	Ц	Ш	И	Һ	І
О	К	Б	А	Н	Й	А	Ы	Ы	Е	Ү	І	Н	С
Қ	Ы	З	М	Е	Т	Т	Е	Р	Һ	Т	С	Қ	Т
Б	Ш	Э	В	Г	Я	Ь	Й	І	Ұ	Л	И	Ш	Һ
Ұ	А	Л	С	О	Ъ	Ө	І	Ц	Ц	М	Ү	К	Ү
Й	М	Е	В	Т	С	И	Л	И	Т	С	Ь	Ә	А
Р	П	Г	Д	О	Т	Т	Ү	С	Ә	Д	Е	М	І
А	У	И	Ү	Ф	Е	Щ	С	П	Й	У	Ъ	Ь	Ч
Я	Н	Я	Ц	У	Р	Ғ	И	Ү	Н	А	Ә	Ч	Я
Д	П	І	Х	Ү	І	Ж	М	А	Р	І	П	Б	Ш
К	Т	Ъ	Ә	І	Ғ	П	Ф	П	Д	Т	В	Б	Р

ТҮС	ФОТОГЕНДІК
КОСМЕТИКА	ИІС
БҰЙРА	ҚАЙШЫ
ЭЛЕГИЯ	ҚЫЗМЕТТЕР
ӘДЕМІ	ШАМПУН
ХОШ ИІС	ТЕРІ
СҮРТ	ТЕГІС
АЙНА	СТИЛИСТ
МАЙЛАР	

38 - Clothes

В	П	А	Ғ	Л	О	Қ	Ч	К	А	А	К	Б	Ю
Р	А	Б	Л	А	Ш	А	Е	Ө	Я	Л	Ө	Ы	А
Е	Л	Ө	Ж	У	Ө	Ғ	Ь	Й	Қ	Ж	І	Н	Ч
Т	Ь	Ш	Ұ	Е	Б	Т	К	Л	К	А	Т	Ө	Я
И	Т	Е	Ұ	Д	Т	І	Р	Е	И	П	О	Д	Г
В	О	І	Ң	Л	Л	Р	Л	К	І	Қ	Ж	П	Я
С	І	Б	Б	Е	Ы	Ь	А	Е	М	Ы	Е	Ц	Ж
Л	А	М	Ы	Б	С	Қ	Д	Л	З	Ш	Р	Р	Е
К	Е	Р	Е	К	Н	Т	Н	Р	Т	І	О	І	Ж
Ң	Ш	И	С	Х	И	Ш	А	Р	Б	Щ	К	Н	Т
И	Я	А	М	К	Ж	А	С	П	И	Ж	А	М	А
Е	Ң	І	С	П	Д	Р	Ц	Ә	С	Н	Г	К	Х
Р	Һ	Г	Г	Й	Һ	Ф	Ж	І	Н	Щ	Х	Ф	И
Ю	Щ	П	О	Ғ	Ф	Б	Л	У	З	К	А	Ъ	С

АЛЖАПҚЫШ	ДЖИНСЫ
БЕЛДЕУ	ОЖЕР
БЛУЗКА	ПИЖАМА
БІЛЕЗІК	ШАЛБАР
ПАЛЬТО	САНДАЛ
КӨЙЛЕК	ШАРФ
СӘН	АЯҚ КИІМ
ҚОЛҒАП	ЮБКА
ХАТ	ШҰЛЫҚ
КЕРЕК	СВИТЕР

39 - Ethics

```
В  Х  Г  Б  Ұ  Ю  Р  Қ  Я  І  О  Ь  П  Ж
Т  Ө  З  І  М  Д  І  Л  І  К  К  Г  Й  А
Ұ  И  Қ  Ы  Л  Ы  Д  М  Ы  Т  Ұ  С  О  Н
Қ  Ы  Л  Я  И  Т  А  М  О  Л  П  И  Д  А
Қ  Ы  Т  С  А  Т  Қ  А  М  Ы  Т  Н  Ы  Ш
Қ  Ы  Л  Ы  Д  М  А  Д  Ы  Ш  О  М  Ш  Ы
И  Н  Д  И  В  И  Д  У  А  Л  И  З  М  Р
А  Ч  Г  Л  Р  Е  А  Л  И  З  М  И  З  Л
А  Д  Ы  Л  А  Б  А  С  Ө  У  І  У  И  Ы
Б  Я  А  Ь  Ғ  Д  Г  К  Х  Ә  Я  Р  М  Қ
Ъ  Ц  Ә  М  И  Щ  А  Ұ  И  Ы  Ш  Т  И  Ө
О  Ф  Ә  Ө  З  Ғ  Ь  В  Ъ  Ғ  Ы  Ь  Т  Ч
Ъ  Қ  Ы  Т  С  А  Т  Ұ  Т  Г  О  Л  П  К
Х  Қ  Ф  Ю  Ч  Б  Т  Ж  Ғ  Ъ  А  А  О  П
```

АЛЬТРУИЗМ	ТҰТАСТЫҚ
ЖАНАШЫРЛЫҚ	ОПТИМИЗМ
ЫНТЫМАҚТАСТЫҚ	ШЫДАМДЫЛЫҚ
ҚАДІР	ҰТЫМДЫЛЫҚ
ДИПЛОМАТИЯЛЫҚ	РЕАЛИЗМ
АДАЛДЫҚ	АБАЛЫ
АДАМЗАТ	ТӨЗІМДІЛІК
ИНДИВИДУАЛИЗМ	

40 - Astronomy

```
Й С А Л К Р О Е Т Е М Й А Ш
У К В Қ Р Н А Р Ы М Ы З С О
А О О І Ъ С Ж Д Я В Ч Д П Қ
С Н Н С Ұ Ц Ъ И И Ь Р Ғ А Ж
Т И Р О М Ш Ю О Р А Ч А Н Ұ
Р В Е Ә Д О Б Р О Т Ц К А Л
О К П У М Ұ С Е Т Ұ П И А Д
Н Э У Ю Қ Т Х Т А М Л Т Я Ы
О У С Ъ Й Ш Ф С В А А К Ц З
М Р Л С Қ С Ъ А Р Н Н А Ц Ф
Ғ А Р Ы Ш К Е Р Е Д Е Л Л Ь
Е У Е Ө Т Ж Ғ У С Ы Т А Ү С
Й А Ж А Һ Ұ Ұ Ь Б Қ А Г Қ М
З О Д И А К Т Щ О Ң Ш Ч Щ Ы
```

АСТЕРОИД	АЙ
ҒАРЫШКЕР	ТҰМАНДЫҚ
АСТРОНОМ	ОБСЕРВАТОРИЯ
ШОҚЖҰЛДЫЗ	ПЛАНЕТА
КОСМОС	РАДИАЦИЯ
ЖЕР	ЗЫМЫРАН
ТҰТЫЛУ	АСПАН
ЭКВИНОКС	СУПЕРНОВА
ГАЛАКТИКА	ЗОДИАК
МЕТЕОР	

41 - Health and Wellness #2

```
Ұ Ь Ф Д А Т С Ә С К Т Ү С С
А У Р У А С Қ В Т А А І У А
А У Р У Х А Н А Р Л М Н С Л
Э Н Е Р Г И Я Щ Е О А Г Ы М
Ү А Ұ А Ч В Я Б С Р Қ Я З А
Ң Қ Ж В Ө Ж И У С И Т И Д Қ
Г Ш Н Е М Б Г Т Ж Я А Ц А К
Г Е Й А Б Р Р Ь А И Н К Н Ө
Ц И Н Т Х Һ Е Ц С М У Е Д Ң
Т Г Г Е А Е Л Б С О И Ф Ы І
Ф А В И Т Й Л К А Т І Н Р Л
Ц Т Ц Д Е И А Ь М А А И У К
Т Ә Б Е Т Н К Д Щ Н П Ң Ю Ү
С Ч Т Қ А Г А А І А В І Ө Й
```

АЛЛЕРГИЯ	САУ
АНАТОМИЯ	АУРУХАНА
ТӘБЕТ	ГИГИЕНА
ҚАН	ИНФЕКЦИЯ
КАЛОРИЯ	МАССАЖ
СУСЫЗДАНДЫРУ	КӨҢІЛ-КҮЙ
ДИЕТА	ТАМАҚТАНУ
АУРУ	СТРЕСС
ЭНЕРГИЯ	ВИТАМИН
ГЕНЕТИКА	САЛМАҚ

42 - Time

```
У Ө А К Ң А Т Б Ф Ұ Ү И Ф Б
У Т Я Ұ Ү Д В Ч Һ Ь О Л У Ү
Я Ү Р Т У Н И М Б Ұ Р Ы Н Г
С Н Ы Ғ Н Ы Й А С Л Ы Ж Ф І
А Ң С К Й Қ А И Ү Ө Л К Б Н
Ғ Й А Е Һ А Ч У Т Л Һ Е Д Һ
А М Ғ Л Ш Ж Я Т Х Ә Т Н А Х
Т Ш И Е Т Е Ұ А Ш Х Ұ Х П Һ
Д Ъ Ъ Ш Ы Ә К С Г Ұ Б Ь Ь Я
В Б Ш Е Т Р Ғ Е Һ Ч Қ А Ъ Ф
Ж Щ О К В І Т Ы Ь А М П В І
К Ү Н Т І З Б Е Т Р Е Т Ғ И
Ғ К С Ң А А Ө А Е Я Й А В Ә
Ғ Ю Ъ Ә Х Қ Ы Д Л Ы Ж Н О И
```

ЖЫЛ САЙЫНҒЫ	АЙ
БҰРЫН	ТАҢ
КҮНТІЗБЕ	ТҮН
ҒАСЫР	ТҮС
КҮН	ҚАЗІР
ОН ЖЫЛДЫҚ	ЖАҚЫНДА
ЕРТЕ	БҮГІН
КЕЛЕШЕК	АПТА
САҒАТ	ЖЫЛ
МИНУТ	КЕШЕ

43 - Buildings

```
О К Щ Л Қ П Ц С Е Ә Ы Й Ж С
Ө Б Қ Һ Й Щ В А Р А Н Ұ М У
Ы Ң С П Х Г Е Р Е Т Ә П З П
Й Ы Ц Е О Ь Й А Ь Ы Ә Я Е Е
А Қ Й Т Р Х Ү Й Ф У Ө Ө Р Р
Ж Л Щ К А В Қ Ш Ә А О Д Т М
А А Ш Е Д Б А Ю А З И Ъ Х А
Р М Т М Щ С Н Т Т Т Н Ш А Р
Ұ А Ө А Л И О Л О Д Ы У Н К
М Қ М Ч Қ Й Қ Н А Р Ю Р А Е
Т Е А Т Р Х С Һ В Х И Ч Ң Т
Ң Ң Н Л Ө М А І Е Ң Ү Я Ы В
С Т А Д И О Н Н Ф Л Ә Ғ С Ә
А У Р У Х А Н А А Н И Б А К
```

ПӘТЕР	МҰРАЖАЙ
САРАЙ	ОБСЕРВАТОРИЯ
КАБИНА	МЕКТЕП
ҚАМАЛ	СТАДИОН
ЗАУЫТ	СУПЕРМАРКЕТ
АУРУХАНА	ШАТЫР
ЖАТАҚХАНА	ТЕАТР
ҚОНАҚ ҮЙ	МҰНАРА
ЗЕРТХАНА	

44 - Philanthropy

```
Х Ч Ч Д У Һ А Д А М З А Т Б
Қ Қ Ы Д И О Т Б Ц Ж Қ Ө Ж А
Ы Қ Ы М Д Б Ы А Ә О О Ш Д Ғ
Т Ы Н Қ Ь А Һ Л Ъ М Ғ А Қ Д
С Л М Қ Ш Ъ О А Щ А А А А А
А Ы О И О Ү В Л И Р М Д Ж Р
Д Д Л Ч С Р Т А І Т Д А Е Л
М М А Щ Ж С Л Р Х Т Ы Л Т А
А Ы К М Ч Д И А И Ы Қ Д Т М
Ғ Р Н Ғ Д Я Ы Я Р Қ Ұ Ы І А
О Ы П Й П А Ж І А П Ғ Қ Л Л
Қ Й Ғ Я Ь Т Р А Т П О Т І А
Қ А Р А Т Т А С Қ А М Ш К Р
В Қ Ь Ы М Ъ Қ Е Ъ Т Ч Л Л Ғ
```

ҚАЙЫРЫМДЫЛЫҚ	ТАРИХ
БАЛАЛАР	АДАЛДЫҚ
ҚОҒАМДАСТЫҚ	АДАМЗАТ
ҚАРЖЫ	МИССИЯ
ҚОРЛАР	ҚАЖЕТТІЛІК
ЖОМАРТТЫҚ	АДАМДАР
МАҚСАТТАР	БАҒДАРЛАМАЛАР
ТОПТАР	ҚОҒАМДЫҚ

45 - Herbalism

```
Ж С А Р Ы М С А Қ Р Х Қ И Ө
Ж А А Н О Г А Р Р А Т Х Н А
А Х Л С Ғ Һ О Ң Һ Й Ц Ф Г Қ
С О Х Б К И Ғ Б Ә Х Щ Ә Р Ж
Ы Ш О Р Ы Ө Т Ы Й А Ң Ғ Е Е
Л И Ш О Ю З К Ф Ф Н И О Д Л
Б І И З А С П А З Д Ы Қ И К
А С І М Д Ұ Г Щ Ь Ү О Ы Е Е
Қ Т С А Н Л І Ү Ұ Х У В Н Н
Ш І Ө Р А Һ Д Й Л Й Д С Т Ү
А Ң Б И В Ъ М А Р Ж О Р А М
Ш А Ф Р А Н І О Р Е Г А Н О
Ұ Ц Ъ В Л Ь И Ө С І М Д І К
Я А Щ Й Я Н Т Ж Ң Ә Ә И П И
```

ХОШ ИІСТІ	ИНГРЕДИЕНТ
РАЙХАН	ЛАВАНДА
ТИІМДІ	МАРЖОРАМ
АСПАЗДЫҚ	ЖАЛБЫЗ
АСКӨК	ОРЕГАНО
ХОШ ИІС	АҚЖЕЛКЕН
ГҮЛ	ӨСІМДІК
БАҚША	РОЗМАРИ
САРЫМСАҚ	ШАФРАН
ЖАСЫЛ	ТАРРАГОН

46 - Vehicles

```
Т І К Ұ Ш А Қ С Г Қ Щ У Т С
Ж Н Ү Я Ұ К Ы К Қ О И Ұ Р Ү
Ш Е Ж С И К Й У Ц З Р Ш А Ң
И У Д Г К Ғ А Т Н Ғ Т А К Г
Н Р Е Е І Ң Қ Е М А А Қ Т У
А Е П Ң Л А С Р О Л В Г О І
Л К И Н Ө Ж Ю Ү Т Т Т Ц Р Р
А С С А К С Ә И О Қ О П Е Қ
Р Р О Р Т Е М Р Р Ы Б А Ш А
Я Ь Л Ы А Ъ Х М Д Ш У Р Т Й
Х Щ Е М Т А К С И Е С О Я Ы
Д Н В Ы М Р Ф Д Ч Ц М М Қ Қ
Қ У Д З И Ц Г Ә Ә Е Қ Ә Ө І
Е Ь Р Ш Ғ Ъ Ж С М Қ Ь Я Ы І
```

ҰШАҚ	МОТОР
ЖЕДЕЛ ЖӘРДЕМ	САЛ
ВЕЛОСИПЕД	ЗЫМЫРАН
ҚАЙЫҚ	СКУТЕР
АВТОБУС	СҮҢГУІР ҚАЙЫҚ
КӨЛІК	МЕТРО
КЕРУЕН	ТАКСИ
ҚОЗҒАЛТҚЫШ	ШИНАЛАР
ПАРОМ	ТРАКТОР
ТІКҰШАҚ	ЖҮК

47 - Flowers

```
Ф Ө Р Я С М А Г Н О Л И Я Б
К Ч С Я И Р Е М У Л П Ш Б У
Р Г К Ф Р Г А Р Д Е Н И Я К
П Ц С Ш Е Ж З Ж К Ц О О Қ Е
Л Н Д Һ Н Ф О Г Н К И Р І Т
О И М Г Ь К Р Ж Ү С П Х Х Б
Ж М Л Ю Ю Р Ь Х С У Р И Ю Б
Л С К И П Е Т А Л К Г Д Ъ Ж
Д А Р Р І В Н Ө Г С И Е Р Н
Е Ж В Ю Ц О Щ Қ Ү И Н Я Һ Һ
Й Н Ф А Н Л О Д Ы Б А М А Н
С С Р Ә Н К Ө К Һ И Ф Ә Ы Н
І И В Н Ф Д С В П Г Ү С Щ Н
С Н Г С Ы Ғ А Б Н Ү К Й Ә Ө
```

БУКЕТ	ЛИЛИ
КЛОВЕР	МАГНОЛИЯ
ДЕЙСІ	ОРХИДЕЯ
ОДЫБАМАН	ПИОН
ГАРДЕНИЯ	ПЕТАЛ
ГИБИСКУС	ПЛУМЕРИЯ
ЖАСМИН	КӨКНӘР
ЛАВАНДА	РОЗА
СИРЕНЬ	КҮНБАҒЫС

48 - Health and Wellness #1

```
С Ү Б Е В Д Ч Н Т О Е А С Б
К Ч Я И П А Р Е Т С М Ь Ү А
Е Л Ю Ц І Һ Қ У Ы Ы Д І Й К
Л О И А Ф К Ы А Б Н Е Я Е Т
Ф Х Ц Н Ъ Й Т Һ Й Ы У Ш К Е
Е Ф Ш А И С Ш І Ю Қ М М Т Р
Р Ү Т Х Ң К А Л Г В Д Ю Е И
Ц В Ө І Ж Л А Ъ Ө І Е Б Р Я
Й У У Р Е Т В Р Е Н М А Е Л
І Л Ш Ә В И Р У С Ғ А Г Г А
Р Р А Д Н О М Р О Г Л Ч І Р
Ә Д Е Т А Қ А Р А Ж Ы М Р У
Д Д Д Т Ю Ұ Ы Ф Һ Т С Х Ә Ц
Ғ Ү А Ц У І Қ А Л Ы П Ч Д Р
```

БАКТЕРИЯЛАР	ДӘРІ
СҮЙЕКТЕР	НЕРВТЕР
КЛИНИКА	ДӘРІХАНА
ДӘРІГЕР	ҚАЛЫП
СЫНЫҚ	РЕФЛЕКС
ӘДЕТ	ДЕМАЛЫС
БИІКТІГІ	ТЕРІ
ГОРМОНДАР	ТЕРАПИЯ
АШТЫҚ	ЕМДЕУ
ЖАРАҚАТ	ВИРУС

49 - Town

```
Ы  Я  А  К  И  Н  И  Л  К  Н  Ғ  У  У  Д
Ғ  Е  Х  У  І  С  Т  А  Д  И  О  Н  С  Ә
Т  Һ  Б  О  Р  Т  А  Е  Т  О  Н  И  К  Р
С  Ч  Қ  Й  Ү  Қ  А  Н  О  Қ  И  Т  Ә  І
И  У  Т  Й  П  Ь  Һ  П  Ү  Ж  Ц  Е  У  Х
Р  К  П  Е  Т  К  Е  М  Д  Б  У  А  Е  А
О  А  Я  Е  Р  Е  Л  А  Г  Ү  Ң  Т  Ж  Н
Л  Ф  Қ  Ы  Р  А  Н  Қ  Һ  Ң  К  Р  А  А
Ф  Е  Б  Д  В  М  Қ  Һ  П  Ұ  Е  Е  Й  Х
Т  Н  А  Ң  Ү  Й  А  Ж  А  Р  Ұ  М  Н  Ү
Я  Л  Н  Г  О  К  Ж  Р  С  Ъ  М  Ы  Т  І
И  Т  К  И  Ы  І  Е  Ң  К  Һ  У  Б  И  Ә
Х  Щ  Г  Т  Е  Д  И  Н  Р  Е  Ш  Б  Қ  Ә
К  І  Т  А  П  Х  А  Н  А  Н  Т  М  Ш  И
```

ӘУЕЖАЙ	КІТАПХАНА
БАНК	НАРЫҚ
КІТАП ДҮКЕНІ	МҰРАЖАЙ
КАФЕ	ДӘРІХАНА
КИНОТЕАТР	МЕКТЕП
КЛИНИКА	СТАДИОН
ФЛОРИСТ	ДҮКЕН
ГАЛЕРЕЯ	СУПЕРМАРКЕТ
ҚОНАҚ ҮЙ	ТЕАТР

50 - Antarctica

```
Қ  Т  О  П  О  Г  Р  А  Ф  И  Я  Т  С  Р
Ц  Ұ  С  У  Қ  Й  Н  Г  Й  И  Һ  Ң  А  О
Қ  А  Р  У  Т  А  Р  Е  П  М  Е  Т  Қ  К
И  Ц  Я  Л  Қ  Б  О  В  А  Г  Д  Ш  Т  К
П  У  А  Ө  Ы  С  В  П  О  Щ  Т  Һ  А  И
О  Я  И  Н  О  Қ  І  Ш  Ө  К  Т  Ы  У  М
З  Е  Р  Т  Т  Е  У  Ш  І  Т  О  М  Р  Ұ
Г  Е  О  Г  Р  А  Ф  И  Я  М  Ұ  З  Ң  З
Б  Ұ  Л  Т  Т  А  Р  Я  Ч  Ң  Ж  Г  Қ  Д
Ғ  Ы  Л  Ы  М  И  Д  Й  Р  Г  К  Ц  Ұ  Ы
Ү  У  Ю  Ь  В  И  Л  Ы  Г  Р  Е  С  Қ
Т  Ү  Б  Е  К  Ү  Т  Һ  А  І  Ң  Һ  Т  Т
А  Т  Р  О  Н  А  Ғ  А  Ш  Р  О  Қ  А  А
Э  К  С  П  Е  Д  И  Ц  И  Я  А  П  Р  Р
```

БАЙ	МҰЗ
ҚҰСТАР	АРАЛДАР
БҰЛТТАР	КӨШІ-ҚОН
САҚТАУ	ТҮБЕК
ҚҰРЛЫҚ	ЗЕРТТЕУШІ
КОВ	РОККИ
ҚОРШАҒАН ОРТА	ҒЫЛЫМИ
ЭКСПЕДИЦИЯ	ТЕМПЕРАТУРА
ГЕОГРАФИЯ	ТОПОГРАФИЯ
МҰЗДЫҚТАР	СУ

51 - Ballet

Б	Г	У	Ж	С	Т	И	Л	Ь	Д	У	Е	Қ	Я
К	Қ	Қ	А	Р	Қ	Ы	Н	Д	Ы	Л	Ы	Қ	Ъ
Л	Ы	М	И	Қ	Ә	Т	Е	Х	Н	И	К	А	Н
Ж	Д	К	О	М	П	О	З	И	Т	О	Р	Ұ	А
Г	Н	К	Ф	У	Р	Е	Л	І	Ш	И	Б	Я	Д
Х	Ы	О	Ы	Ч	Я	И	Р	О	Т	И	Д	У	А
А	Й	І	Н	Й	Щ	Ж	Т	Ю	Ш	Ч	Ъ	Ң	К
Б	А	Л	Е	Р	И	Н	А	М	Е	Д	һ	Ә	И
Ы	Д	Р	М	Р	А	Т	Қ	А	Б	А	С	Ө	Т
Н	Я	Е	Б	У	С	Р	Т	С	Е	К	Р	О	К
И	Ь	Н	Н	Т	З	Ц	Ө	Қ	Р	Ң	У	Н	А
И	Ю	Ә	Ш	С	С	Ы	К	Д	Л	Щ	Ю	Ю	Р
Ф	Л	М	Е	К	Р	Ө	К	Ұ	І	К	Ч	Ж	П
А	Ү	Ь	Ж	Е	К	Е	М	А	К	Қ	Б	Н	Ә

КӨРКЕМ	МУЗЫКА
АУДИТОРИЯ	ОРКЕСТР
БАЛЕРИНА	ПРАКТИКА
КОМПОЗИТОР	ДАЙЫНДЫҚ
БИШІЛЕР	РИТМ
МӘНЕРЛІ	ШЕБЕРЛІК
ҚИМЫЛ	ЖЕКЕ
ҚАРҚЫНДЫЛЫҚ	СТИЛЬ
САБАҚТАР	ТЕХНИКА

52 - Fashion

```
Т  А  Қ  А  З  І  Р  Г  І  М  А  А  У  М
П  Р  А  К  Т  И  К  А  Л  Ы  Қ  Ю  Ы  И
Қ  О  Л  Ж  Е  Т  І  М  Д  І  Ғ  Ф  Ь  Н
Ө  Л  Ш  Е  М  Д  Е  Р  Т  Р  Е  Н  Д  И
Ә  Д  Е  М  І  К  Е  С  Т  Е  Л  Е  У  М
Р  Ө  Л  Е  Ф  А  С  Т  И  Л  Ь  Ғ  Ұ  А
А  Т  А  Щ  У  И  Ћ  Б  У  Т  И  К  Л  Л
Қ  А  Р  А  П  А  Й  Ы  М  Б  Т  Ы  Г  И
С  Б  Ш  І  Л  Т  Е  Р  Л  И  Д  И  І  С
Ұ  М  Б  А  И  П  Щ  М  Д  Й  А  А  Щ  Т
Н  Ы  А  Р  У  Т  С  К  Е  Т  А  Ы  Қ  Ц
П  Қ  У  Т  Р  Ъ  Л  Т  Д  Г  И  Ғ  С  У
Ү  А  Н  Н  А  А  Қ  М  Ұ  Щ  К  Ь  Ң  І
Т  Т  Ү  Й  М  Е  Л  Е  Р  К  И  І  М  Ы
```

ҚОЛЖЕТІМДІ	ӨЛШЕМДЕР
БУТИК	МИНИМАЛИСТ
ТҮЙМЕЛЕР	ҚАЗІРГІ
КИІМ	ҚАРАПАЙЫМ
ЫҢҒАЙЛЫ	ТҮПНҰСҚА
ӘДЕМІ	ҮЛГІ
КЕСТЕЛЕУ	ПРАКТИКАЛЫҚ
ҚЫМБАТ	СТИЛЬ
МАТА	ТЕКСТУРА
ШІЛТЕР	ТРЕНД

53 - Human Body

```
Д  М  С  Қ  Ұ  Л  А  Қ  Ы  Б  О  Т  П  Ю
Ъ  Ж  С  Ү  һ  Ж  Б  К  Щ  Ь  Й  Я  Ь  Т
Ұ  А  С  Ң  Й  Р  В  Ф  П  С  В  Қ  О  Ы
Ү  Қ  Ч  К  В  Е  Ш  Ш  Т  Ү  О  Ұ  Ң  Ә
М  І  Х  Я  Х  У  К  Ғ  һ  І  Л  Б  Е  Щ
О  И  Ұ  Д  Д  Т  У  Т  һ  І  З  Л  Қ  Ж
Й  Ұ  Қ  Ж  И  Ч  Е  Б  Е  С  К  Е  О  Ч
Ы  Қ  А  Н  Ы  Т  Е  Р  І  Р  І  Р  Л  Щ
Н  А  С  Б  Қ  Ж  Ү  Р  Е  К  О  Б  О  Ң
Е  Т  У  А  Ю  Х  И  М  П  В  Р  Е  Қ  О
Ә  Н  А  Я  И  Е  К  Ә  Ұ  Й  Ф  Т  Қ  Щ
Д  Ы  С  Қ  Б  А  С  Ө  Ш  Р  Й  Н  Ы  К
Ғ  Ш  А  У  Ы  З  Ь  У  Ь  В  Ы  С  Ц  Ь
һ  И  Р  Х  Ң  Ү  Ң  П  Щ  И  П  Н  Р  Д
```

ТОБЫҚ	БАС
ҚАН	ЖҮРЕК
СҮЙЕКТЕР	ЖАҚ
МИ	ТІЗЕ
ИЕК	АЯҚ
ҚҰЛАҚ	АУЫЗ
ШЫНТАҚ	МОЙЫН
БЕТ	МҰРЫН
САУСАҚ	ИЫҚ
ҚОЛ	ТЕРІ

54 - Musical Instruments

```
Ф Б Л П С Р И Д Ф И К В Х М
Г Л А А Р Ф А Ю О Д И М Ц У
А П Е Р У Ұ Б Ң Р Р В Й Ю Б
Р Е Ө Й А Қ Д Ъ Т Ж Ң Һ Ф Т
М Р Ю С Т Б Ж Т Е Н Р А Л К
О К Щ К Ш А А Ұ П О Б О Й Г
Н У Б Р Щ К Ъ Н И Ф А Г О Т
И С У И Қ Г Л Д А К Д Н I О
К С Б П Ь Л Е Ч Н О Л О И В
А И Е К Қ Ж Ң У О Ь Ө Г Ң Ы
П Я Н А Ұ Ұ С А К С О Ф О Н
Ю Б А Н Ж О Б Т Р О М Б О Н
М А Р И М Б А Ы Г И Т А Р А
М А Н Д О Л И Н Р Л Ц М Т Щ
```

БАНЖО	МАНДОЛИН
ФАГОТ	МАРИМБА
ВИОЛОНЧЕЛЬ	ОБОЙ
КЛАРНЕТ	ПЕРКУССИЯ
БАРАБАН	ФОРТЕПИАНО
ФЛЕЙТА	САКСОФОН
ГОНГ	БУБЕН
ГИТАРА	ТРОМБОН
ГАРМОНИКА	ҚҰБЫР
АРФА	СКРИПКА

55 - Fruit

```
П С Һ Ы Л А Д Б А Ш Л А Б Г
Ь А Щ О Ь Я Н Ж Т Һ И Л К С
Ф Ғ П Һ І Ф А А Н І М М Г Ь
Ъ І Г А Ғ Г Н Е Н Қ О Ұ І Ж
Р Һ У Я Й Ә А Е Г А Н Р Қ Г
І Я У Ә Ь А Б Ғ О Щ С Т У У
Ж Ф Е Я Ю Й Ж Ы Р Я И Л К А
Н Е К Т А Р И Н Ы У А Қ И В
І И Т А Ң Қ У Р А Й Д Ы В А
С Ш С С А Л М А Ә О Қ Л И Б
А В О К А Д О І Ь М А Н Г О
Г Һ К І В Ә В Ю З Ф У Ң Ю Ж
П Ғ О Р К И И Й Ә Ү Б Ж Д Һ
О Ч К Ө Д Щ К Е Д И Ж Ұ Қ Һ
```

АЛМА	КИВИ
ӨРІК	ЛИМОН
АВОКАДО	МАНГО
БАНАН	ҚАУЫН
ЖИДЕК	НЕКТАРИН
ШИЕ	ПАПАЙА
КОКОС	ШАБДАЛЫ
ІНЖІР	АЛМҰРТ
ЖҮЗІМ	АНАНАС
ГУАВА	ТАҢҚУРАЙ

56 - Engineering

```
Б  И  К  І  Д  Ң  Е  Р  Е  Т  Б  М  Д  С
Ұ  Ч  О  Ү  В  Ю  Г  Т  Ж  Ж  Ф  Ч  И  Ұ
Р  А  Н  И  Ш  А  М  Е  Ш  Л  Ө  Ұ  З  Й
Ы  Н  І  Р  Е  Д  М  Е  Ш  Л  Ө  Ч  Е  Ы
Ш  И  Ц  И  І  Я  Щ  М  Ң  М  Ч  Ь  Л  Қ
Ы  В  Б  К  Р  Н  Қ  Ж  А  Б  Д  Ь  Ь  Т
Е  С  Е  П  Т  Е  У  Т  А  Р  А  Т  К  Ы
Қ  М  Ц  Ұ  Е  Х  О  Ы  Е  Ы  Г  Ғ  Ж  Қ
Ұ  О  Ғ  И  М  Х  Ғ  Х  П  Й  Ұ  А  Ь  Һ
Р  Т  Ұ  Я  А  П  П  Ч  Һ  О  С  Ь  И  Ц
Ы  О  С  Й  И  Қ  Ұ  Р  Ы  Л  Ы  М  К  Д
Л  Р  Б  Т  Д  Э  Н  Е  Р  Г  И  Я  В  Ч
Ы  Т  Ұ  Р  А  Қ  Т  Ы  Л  Ы  Қ  Щ  Н  Ң
С  Қ  О  З  Ғ  А  Л  Т  Қ  Ы  Ш  С  Ю  А
```

БҰРЫШ	ЭНЕРГИЯ
ОСЬ	ҚОЗҒАЛТҚЫШ
ЕСЕПТЕУ	СҰЙЫҚТЫҚ
ҚҰРЫЛЫС	МАШИНА
ТЕРЕҢДІК	ӨЛШЕМ
ДИАГРАММА	МОТОР
ДИАМЕТРІ	ТҰРАҚТЫЛЫҚ
ДИЗЕЛЬ	КҮШ
ӨЛШЕМДЕРІ	ҚҰРЫЛЫМ
ТАРАТУ	

57 - Government

```
С К І Д Ң Е Т Б А У Д А Н Ғ
К О Ө С Ө З Т Е К Е Л М Е М
І Ү Т Ш Й Щ Ь Й Г Й Ө Ь А Ң
Д А Е І Б Р Ч Б Ъ У Я М Ц И
З Я Л К Ң А З І Ф П И Ь Н Д
І И І Т Б С С Т А Қ Ц Д Г І
С Т Д Р Й И Щ Ш Ң Ы У Е Ғ У
Л А Ә Е Т М Д Қ Ы Т Т А З А
Е Р Я К И В Л Ъ Х Т И Д Ж Л
У К Ә С И О Ъ П Ы А Т Ч Ү Ы
Ә О Г Е А Л Щ Я Н М С Г Б Қ
Т М С Й Қ Т Щ О І А Н К И Л
М Е Ы Һ Г У А Я М З О І Щ А
Ш Д Й Ә Л Ғ К Х Щ А К Ұ Л Т
```

АЗАМАТТЫҚ	КӨШБАСШЫ
КОНСТИТУЦИЯ	АЗАТТЫҚ
ДЕМОКРАТИЯ	ЕСКЕРТКІШ
ТАЛҚЫЛАУ	ҰЛТ
АУДАН	БЕЙБІТ
ТЕҢДІК	САЯСАТ
ТӘУЕЛСІЗДІК	СӨЗ
СОТ	МЕМЛЕКЕТ
ӘДІЛЕТ	СИМВОЛ
ЗАҢ	

58 - Art Supplies

```
Қ  А  Ы  М  І  Л  Е  Ж  С  Д  Щ  Ы  Т  Н
А  К  И  Ұ  Х  Е  Х  Ө  У  Ң  А  Һ  Ц  Й
Ғ  Р  Д  Н  Д  Г  Ғ  Б  Ъ  Л  О  Т  Һ  С
А  И  Е  А  Д  С  Ж  П  Қ  Г  І  Р  П  И
З  Л  Я  Й  Ғ  Р  А  Л  А  К  Т  Е  Щ  Я
Е  А  Л  Ч  Н  А  Ү  З  М  А  Ң  Б  Ч  С
Ө  В  А  Б  Ц  Л  К  І  А  Й  Ч  Ь  Й  Ы
Һ  Ш  Р  Б  Ғ  У  Ө  К  Р  Е  С  Л  О  Т
Ү  Й  І  Л  І  Я  М  Х  Е  Е  Ю  О  О  Ь
Ы  Ц  Й  Р  Ү  О  І  Ж  М  Т  Т  М  Б  Б
Х  Щ  Ъ  Г  Б  Р  П  А  С  Е  С  Ц  И
Қ  Д  Һ  Е  И  І  Ю  Ц  К  Е  К  П  Ү  Һ
Ө  Х  Ы  Е  Ө  Ы  Ш  Ы  К  К  П  Ф  Ъ  Т
Қ  А  Р  Ы  Н  Д  А  Ш  Т  А  Р  Ш  П  Ү
```

АКРИЛ	ЖЕЛІМ
ЩЕТКАЛАР	ИДЕЯЛАР
КАМЕРА	СИЯ
КРЕСЛО	МҰНАЙ
КӨМІР	БОЯУЛАР
САЗ	ҚАҒАЗ
ТҮСТЕР	ҚАРЫНДАШТАР
МОЛЬБЕРТ	КЕСТЕ
ӨШІРГІШ	СУ

59 - Science Fiction

```
Е  Б  Ж  Ұ  П  О  Г  О  Ң  Ң  Щ  Т  Х  Ғ
Й  К  У  Ұ  Қ  Ү  Ж  П  П  Қ  Д  Е  Р  У
Ю  Ь  І  Т  М  Е  Л  Ә  Л  И  Ө  Х  А  С
Ц  М  Я  Т  О  Б  І  Й  А  Я  Ч  Н  Т  Ж
А  У  И  Х  С  П  А  Я  Н  Л  Б  О  П  Й
Р  Я  П  Ң  Ө  И  И  Қ  Е  Е  Б  Л  А  Г
К  Л  О  Н  Д  А  Р  Я  Т  В  М  О  Т  А
Ж  У  Т  Х  Ф  Қ  У  У  А  Ұ  Н  Г  І  Л
А  К  С  Қ  Р  Т  А  Е  Т  О  Н  И  К  А
Р  А  И  Е  Л  Е  С  І  Ұ  У  Ъ  Я  Қ  К
Ы  Р  Д  Б  Ә  Ү  Ъ  Ц  Е  П  Ф  В  Ы  Т
Л  О  Р  О  Б  О  Т  Т  А  Р  Е  М  Ы  И
Ы  Б  Л  У  Ю  И  Х  Ф  Ұ  Ө  Ц  Ъ  Ф  К
С  Ы  Л  А  Ө  Й  Ь  Ы  О  Ң  Қ  Т  Ш  А
```

АТОМ	ЕЛЕС
КІТАПТАР	ҚИЯЛ
КИНОТЕАТР	ЖҰМБАҚ
КЛОНДАР	ОРАКУЛ
АЛЫС	ПЛАНЕТА
ДИСТОПИЯ	РОБОТТАР
ЖАРЫЛЫС	ТЕХНОЛОГИЯ
ОТ	УТОПИЯ
ФУТУРИСТІК	ӘЛЕМ
ГАЛАКТИКА	

60 - Geometry

```
Қ  Н  Ь  И  Б  Б  В  Б  А  С  С  А  М  П
И  К  Ұ  Ү  Ұ  Щ  В  И  Л  С  А  Ь  Щ  Р
С  І  Ғ  Х  Р  П  У  І  О  К  С  Н  Б  О
Ы  Т  Р  С  Ы  Ф  Б  К  Г  Ө  И  И  Е  П
Қ  Т  Е  Т  Ш  Й  І  Т  И  Л  М  К  Т  О
Ь  Е  Б  Е  Е  Ү  Ө  І  К  Д  М  И  Н  Р
Ғ  О  Ң  Ң  Ф  М  Ш  Г  А  Е  Е  Т  Е  Ц
У  Р  Е  Д  Қ  И  А  І  Ұ  Н  Т  Ү  М  И
Е  И  Ш  Е  К  Е  О  И  А  Е  Р  Ш  Г  Я
Т  Я  Л  У  Ө  Ш  М  Л  Д  Ң  И  Б  Е  Т
П  А  Р  А  Л  Л  Е  Л  Ь  Ә  Я  Ұ  С  О
Е  Р  Б  И  У  Қ  Ш  Ь  Щ  Ә  И  Р  И  Ч
С  Ж  Ш  О  Қ  Ө  Л  Я  П  Г  Ы  Ы  А  Т
Е  Н  Ң  К  С  Ь  Ө  Ү  Ү  Ь  Ы  Ш  Ш  Й
```

БҰРЫШ	МАССА
ЕСЕПТЕУ	САН
ШЕҢБЕР	ПАРАЛЛЕЛЬ
ҚИСЫҚ	ПРОПОРЦИЯ
ДИАМЕТРІ	СЕГМЕНТ
ӨЛШЕМ	БЕТ
ТЕҢДЕУ	СИММЕТРИЯ
БИІКТІГІ	ТЕОРИЯ
КӨЛДЕНЕҢ	ҮШБҰРЫШ
ЛОГИКА	ТІК

61 - Creativity

```
Ө М І Р Ш Е Ң Д І К Ш Т Ъ О
М Қ С Ы Б А Т Р Е Н Ө Р Щ Б
Ә Ү Ф Е Ң З Һ Ж О У А Х Қ Ъ
Л Қ Ы Д Н Ы Ш Н А Ң Һ Х Ы О
К Е Н Р Ө С Ә У Я Ю Р А Л Щ
Ө Ғ Т Ш Ү Я А С Р Ш А Б Ы Т
Р Ц Д Л Я И Қ Ц Е А Л А Д Ш
К Ц И Т Щ Р Ө А И Р Я Н Н Е
Е Т Ү Й С І К Ң Т Я Е Ы Ы Б
М А Қ Қ Ы Ш Т Ы Қ Н Д Қ Қ Е
К Ө Р І Н І С Т Е Р И Т Р Р
С У Р Е Т Щ Қ Ы І П І Ы А Л
Д Р А М А Л Ы Қ О И Қ Қ Қ І
О У Һ Ц Э М О Ц И Я Л А Р К
```

КӨРКЕМ	ӘСЕР
ШЫНДЫҚ	ШАБЫТ
АНЫҚТЫҚ	ҚАРҚЫНДЫЛЫҚ
ДРАМАЛЫҚ	ТҮЙСІК
ЭМОЦИЯЛАР	ӨНЕРТАБЫС
ӨРНЕК	СЕНСАЦИЯ
АҚҚЫШТЫҚ	ШЕБЕРЛІК
ИДЕЯЛАР	РИЯСЫЗ
СУРЕТ	КӨРІНІСТЕР
ҚИЯЛ	ӨМІРШЕҢДІК

62 - Airplanes

```
Ұ Ж Ә Қ Ш Ы Қ Т Л А Ғ З О Қ
Ш О В А Н А П С А Ъ Й Ң Т Щ
Қ Л Ң Һ Й Ө С Ө Қ Л Д Й Ы Ъ
Ы А Ю М А Қ Ұ Р Ы Л Ы С Н Ю
Ш У Б Б З Ғ Х О Һ Қ А Г Ь Р
Ы Ш Р Х И Р А Т Ә Л В Г Р Я
Р Ы Ц Д Д І Ә И Х Ь Ч И В И
А Г К Р П Ш К Б И І К Т І К
Ш У Б А Ғ Ы Т Т Э Д Л Ф Т Е
Е Н А Қ Қ Ы Ш Ш І К Л Ъ Ү Т
У О Ч Н М Т Ц Ф С Г И Ө С У
Ә Қ А Ң Я В Ь С Х Ж І П У С
А Т М О С Ф Е Р А Т И Н А В
П Р О П Е Л Л Е Р Л Е Р Н Ж
```

ШЫҚҚАН
АУА
БИІКТІК
АТМОСФЕРА
ӘУЕ ШАРЫ
ҚҰРЫЛЫС
ЭКИПАЖ
ТҮСУ
ДИЗАЙН
БАҒЫТ

ҚОЗҒАЛТҚЫШ
ОТЫН
БИІКТІГІ
ТАРИХ
СУТЕК
ҚОНУ
ЖОЛАУШЫ
ҰШҚЫШ
ПРОПЕЛЛЕРЛЕР
АСПАН

63 - Ocean

Ч	М	Б	А	Л	Ы	Қ	Ә	К	О	И	Щ	Қ	Һ
У	А	Е	К	И	Т	Ұ	И	Ғ	Щ	Е	Н	А	Б
С	С	Ь	Д	Е	Ш	Ң	Ө	А	Ә	И	И	Й	Ц
Т	Ш	Я	У	Д	Н	Ч	Һ	Ө	Ә	Ф	Ы	З	
Р	А	Ч	В	Ы	З	Р	И	Ф	Ж	Д	Ь	Қ	Ұ
И	Я	Б	Ы	Ь	Р	А	Д	Н	Ы	Қ	Л	О	Т
Ц	Н	Т	А	К	Б	У	Г	Я	Һ	Ф	Е	Х	К
А	І	У	А	Л	Й	А	К	У	Л	А	Д	А	Ж
Ь	А	Х	Х	С	Д	Я	Ю	Ғ	Ы	Т	О	Д	Ы
С	Д	Ө	И	І	Б	Ы	Ч	Һ	У	У	И	Ү	Л
М	А	Р	Ж	А	Н	А	Р	Ю	А	Н	Н	Ү	А
У	Ү	Ң	В	Я	Ы	Ә	Қ	Л	Д	Е	Щ	Л	Н
С	Е	Г	І	З	А	Я	Қ	А	А	Ц	Ә	Л	И
Т	Е	Ң	І	З	Ш	А	Я	Н	Ы	Р	В	О	Ү

БАЛДЫРЛАР   РИФ
ҚАЙЫҚ   ТҰЗ
МАРЖАН   АКУЛА
ТЕҢІЗ ШАЯНЫ   АСШАЯН
ДЕЛЬФИН   ГУБКА
ЖЫЛАН   ДАУЫЛ
БАЛЫҚ   ТУНЕЦ
МЕДУЗА   ТАСБАҚА
СЕГІЗАЯҚ   ТОЛҚЫНДАР
УСТРИЦА   КИТ

64 - Birds

Ә	У	М	А	Т	Т	П	Ю	В	Н	Һ	Н	Н	Т
Р	Һ	Г	Ъ	А	Ү	Щ	П	О	Ч	Б	І	Б	А
Г	Н	Д	К	У	Й	Н	Д	Ң	Ш	Ң	Ш	Д	У
Д	Е	Л	Ы	Е	А	Х	Һ	Х	Г	Р	Ц	А	
А	Ғ	Р	А	Қ	Қ	Ц	Ғ	Ү	Й	Р	Е	К	С
Ц	Ұ	С	О	Й	Ұ	С	Ә	Р	Ш	А	Г	Е	А
Қ	А	З	Й	Н	С	О	К	Ғ	О	Қ	Ө	К	Ғ
Р	Ң	Й	Ы	Ж	К	А	Н	А	Р	Т	К	Ө	Г
П	Е	Л	И	К	А	Н	И	С	М	Р	Ф	К	А
Б	Ү	Р	К	І	Т	А	В	П	Ч	Ы	Ц	Е	Қ
Б	Т	У	К	А	Н	Ң	Г	М	Р	М	К	Ү	Қ
О	А	Ж	С	Р	Щ	Ү	Н	Е	Й	Ұ	Ң	Я	У
С	Д	Қ	О	Р	Р	Ь	И	Д	И	Ж	Ж	М	Б
Х	Ф	М	А	А	Ц	Ж	П	П	А	Р	Р	О	Т

КАНАР	ТҮЙЕҚҰС
ТАУЫҚ	ПАРРОТ
ҚАРҒА	ТАУАС
КӨКЕК	ПЕЛИКАН
КӨГЕРШІН	ПИНГВИН
ҮЙРЕК	ТОРҒАЙ
БҮРКІТ	БАҚА
ЖҰМЫРТҚА	АҚҚУ
ҚАЗ	ТУКАН
ГЕРОН	

65 - Art

```
Т М Ү Ш В Ғ О У Ұ І П Т Қ К
А К Ұ А И К В Ұ Ә К Р Ү А Е
Қ Ө І Б З Ц Ч Л Ж Я Л П Р Р
Ы Ң Ы Ы У Н К Һ А Ө Ы Н А А
Р І Ү Т А Һ Ү И С Д М Ұ П М
Ы Л К Т Л Н Р Ж А Я А С А И
П К П Ы Д А Д Х У Ъ Р Қ Й К
Л Ү Д О Ы Т Е К Е Ж Ұ А Ы А
О Й Т Я Э Б Л М Р Т Қ Ч М И
В Р К Л Ц З І І Щ П Ү Е Х Н
М Ц Е Н М З И Л А Е Р Р Ю С
И Т Н О Я У Ө Я М Ү С І Н Ч
С У Р Е Т Т Е Р Д І Ө Ы Ъ Х
Л Ә Ө Ж Л Ъ Ж Х Ғ Д Ұ С Ш Д
```

КЕРАМИКА	СУРЕТТЕР
КҮРДЕЛІ	ЖЕКЕ
ҚҰРАМЫ	ПОЭЗИЯ
ЖАСАУ	МҮСІН
ӨРНЕК	ҚАРАПАЙЫМ
АДАЛ	ТАҚЫРЫП
ШАБЫТТЫ	СЮРРЕАЛИЗМ
КӨҢІЛ-КҮЙ	СИМВОЛ
ТҮПНҰСҚА	ВИЗУАЛДЫ

66 - Politics

```
Я Р Е К Т А С Я А С Т Ф Ұ И
Ч Ы К О М И Т Е Т Т А Д Л Һ
Ө Б Р І К І П Е А Р Ң Т Т Ұ
Һ Ь П Ю Д Щ Л Т Д А Д А Т С
Е Т Ғ С І Ң Е Ж И Т А Н Ы А
Ь О К С И Т Е И Д Е У Ы Қ Л
Э Т И К А П Ш Т Н Г Т М О Ы
Т Ғ Ц Ү Е Н Я Е А И Л А Һ Қ
Н А У Қ А Н Д М К Я В Л Ш Т
Х Ъ С Е Ң Е К І И Ъ Һ Д Ц А
Ө У Г Я О Ю Ұ К Е П Л Ы Ц Р
К Ш Ь І А Й Ө Ү Р Д Ю Қ Т Ц
В Г Ң Е Й С Б Е Л С Е Н Д І
Е Р К І Н Д І К Б К Ф И Ғ Р
```

БЕЛСЕНДІ	ҮКІМЕТ
НАУҚАН	ҰЛТТЫҚ
КАНДИДАТ	ПІКІР
ТАҢДАУ	САЯСАТ
КОМИТЕТ	САЯСАТКЕР
КЕҢЕС	ТАНЫМАЛДЫҚ
ТЕҢДІК	СТРАТЕГИЯ
ЭТИКА	САЛЫҚТАР
ЕРКІНДІК	ЖЕҢІС

67 - Nutrition

```
С Ъ Е Д О Б Н Ы Й Д Ә Я Т Ш
С Ұ Й Ы Қ Т Ы Қ Т А Р Ң О К
С А П А А В И Т А М И Н К У
Ь Ғ Н А Щ В П П Ъ Т Л Ъ С С
П Й У Т Ы Ш А Н Ь К Ә Ү И Р
Ы Р Ұ Е В Х М Т У А С Б Н С
Х О Ш И І С Ү Л Т Л Ө Ө Е А
Т И Т Д Л Р Ж Щ Ы О Ә С Ц Т
Қ О Р Е К Т І К Р Р Д М О Н
Т Ұ З Д Ы Қ Һ Л О И Е Д Л Т
С А Л М А Қ Д Я Қ Я Т Ш А Р
К Ю О Ұ Й М Б М С І Т В Й Ь
Р Р А Д З Ы У Қ А Ғ Е Ү Ы В
Д Е Н С А У Л Ы Қ К Р Ә П Ү
```

ТӘБЕТ	САУ
АЩЫ	СҰЙЫҚТЫҚТАР
КАЛОРИЯ	ҚОРЕКТІК
ДИЕТА	АҚУЫЗДАР
АС ҚОРЫТУ	САПА
СЪЕДОБНЫЙ	ТҰЗДЫҚ
АШЫТУ	ТОКСИН
ХОШ ИІС	ВИТАМИН
ӘДЕТТЕР	САЛМАҚ
ДЕНСАУЛЫҚ	

68 - Hiking

```
Һ И Г Ф И Ж Ә Е Ү С Ь Һ Ь Қ
Ү Л Т И М М А С Т Қ И Ь Қ А
Ф Т А Л М Ұ Б Н В І Ң Й Ы У
Р А М К А Ы Ч К У С К Ө Д І
Б А Ғ Д А Р Л А У А Т Ю Н П
С А Я Б А Қ Т А Р Т Р Ү Ы Т
Б М Щ К Л И М А Т Р А Л Й Е
К Е М П И Н Г Т Р А Т Ш А Р
О Н А Ғ А Ш Р А Ш К С Ч Д Р
Т Р А Х Д Т Ф Б Ы Й А Б А Ж
Ь Ф І С Я В І И І Ә Т К Я Ч
Р О Х И Б Ш І Ғ К Х И Ш Ү Х
А У Ы Р Р В Р А Л А С А М Н
Ғ Х Қ Й П Х К Т Ь Ж Ү В В С
```

ЖАНУАРЛАР	ТАБИҒАТ
ЕТІК	БАҒДАРЛАУ
КЕМПИНГ	САЯБАҚТАР
КЛИФ	ДАЙЫНДЫҚ
КЛИМАТ	ТАСТАР
ҚАУІПТЕР	САММИТ
АУЫР	КҮН
КАРТА	ШАРШАҒАН
МАСАЛАР	СУ
ТАУ	ЖАБАЙЫ

69 - Professions #1

```
Ц Й О Ч Г В М М Я А О Ғ Р Т
Ъ Е Д Ү Ж Ұ Ө У И С Қ Н Е Е
Ч Р Ч Ң Р Ы Ц З Д Д Ц Щ Д Ң
Ы Ш У Р Ы Т Қ Ы Т Т А Ж А І
Һ Ө Ы К Ш Ч Й К Ю С А П К З
С Ш П О Ң Ч Ғ А Ш А С С Т Ш
Т Р Ж Е А Ң Ю Н М Н Т И О І
П І Е Е Б Г Ш Т Е Т Р Х Р Ң
И Ь Г Г Л Ж Л А Д Е О О Е Һ
А Ь Й І І Ш Х К Б Х Н Л К Щ
Н М П Һ Н Р І О И Н О О Н Е
И Л Ұ Д Қ Ш Ә В К И М Г А Х
С Щ Б И Ш І І Д Е К О Һ Б Ғ
Т Г Е О Л О Г А З Е Р Г Е Р
```

ЕЛШІ	АҢШЫ
АСТРОНОМ	ЗЕРГЕР
АДВОКАТ	МУЗЫКАНТ
БАНКЕР	МЕДБИКЕ
ЖАТТЫҚТЫРУШЫ	ПИАНИСТ
БИШІ	САНТЕХНИК
ДӘРІГЕР	ПСИХОЛОГ
РЕДАКТОР	ТЕҢІЗШІ
ГЕОЛОГ	ТІГІНШІ

70 - Barbecues

```
Ч Ф Ж Ғ О Д Қ Ы З А Н А Қ Ю
Ц Ф Т Ү Қ Й О Ю Ф Ь Һ Ң Й Г
Г Р И Л Ь В Ы С А І К Ш Е К
Б А Л А Л А Р Н Т Ц Щ Х Т Ұ
П Ю Һ Д Щ Б Ъ А Д А О Р Ұ Г
Я Ө Д Ғ Ч Қ Ұ Қ И А Р А З Ү
К Ө К Ө Н І С Т Е Р Р Т Ъ В
П Ң Р А Т Қ А Ш Ы П М Т Р Ж
Ю Д Д К Ф М Қ П Т А М А Қ Е
Ш А Н Ы Ш Қ Ы Л А Р Ж Л Ы М
Ъ И Ө З Ә Ы Т Ғ Ь Ъ Ф А Д І
Ұ Қ Ы У А Т Ш И Ч Ү Ю С З С
Г Ғ Ь М Ы С А Б Т О Ш Щ Ұ Н
Й Ф І Х Ы Ы Т О Щ Ү Н Я Т К
```

ТАУЫҚ	ЫСТЫҚ
БАЛАЛАР	АШТЫҚ
КЕШКІ АС	ПЫШАҚТАР
ОТБАСЫ	МУЗЫКА
ТАМАҚ	САЛАТТАР
ШАНЫШҚЫЛАР	ТҰЗ
ДОСТАР	ТҰЗДЫҚ
ЖЕМІС	ЖАЗ
ОЙЫНДАР	ҚЫЗАНАҚ
ГРИЛЬ	КӨКӨНІСТЕР

71 - Chocolate

```
К С А Щ Ы Х Ц Ә І Ш И К Г Ж
О А Ү Х О Ш И І С У Н А Э Е
Ү К Л Й И Я Я Ұ Н К Г Р К Р
Ә Ы Ұ О І Д М Ә Д В Р А З Ж
Ц І Я І Р К Р Ұ Ш Ң Е М О А
К А К А О И Т Н А Қ Д Е Т Ң
Ұ Н Т А Қ Ғ Я І Р Н И Л И Ғ
А Д Ф Л Ы С А П А Ү Е Ь К А
Т Н А Д И С К О И Т Н А А Қ
Ъ Ф Т Р Е Ц Е П Т Ы Т Ұ Л Д
Н Ғ Я Ә Н Ң Я Ы О Ъ Ө У Ы Ә
К Ұ И Ү Т К О К О С С Й Қ М
Ц Ғ Х Ғ Ф Т И С Ъ Т Н Ф Ә Ң
Ь В И Н Ь Р І Һ Л Ь Ъ С І Щ
```

АНТИОКСИДАНТ	ХОШ ИІС
АЩЫ	ИНГРЕДИЕНТ
КАКАО	ЖЕРЖАҢҒАҚ
КАЛОРИЯ	ҰНТАҚ
КАРАМЕЛЬ	САПА
КОКОС	РЕЦЕПТ
ДӘМДІ	ҚАНТ
ЭКЗОТИКАЛЫҚ	ТӘТТІ
СҮЙІКТІ	ДӘМ

72 - Vegetables

```
Е  З  С  Х  У  М  Ы  Ө  Ж  Ц  Х  І  Қ  Б
Е  Ә  Я  Д  Ү  Б  Б  И  Ғ  Ь  Ш  Ы  А  Ч
Н  Й  Ц  И  Ж  Ъ  Ж  А  Й  Б  Ю  Д  Н  Һ
Ң  Т  У  К  П  Р  Х  К  П  С  А  Л  А  Т
Ұ  Ү  Б  Р  О  К  К  О  Л  И  Ц  Я  З  Ф
Қ  Н  Х  Ө  Н  Е  К  Л  Е  Ж  Қ  А  Ы  Ш
Б  А  Л  Д  Ы  Р  К  Ө  К  В  А  Б  Қ  П
Ь  Р  Ш  Ң  Ә  Ғ  Т  З  І  М  Б  І  Р  И
Е  М  У  Р  Ы  С  Һ  Ю  Щ  А  А  Р  Я  Н
Г  Ю  С  Л  Ұ  Ғ  Ю  І  Ы  Ғ  Қ  Е  И  А
Ш  Ә  Л  О  Т  Б  Ң  Ъ  Г  Л  С  П  Қ  Т
П  В  Е  Д  Ц  Ц  К  Ә  Л  А  А  А  Ғ  Ү
Һ  Ф  Ф  О  Ғ  Я  С  К  О  Ш  И  Т  Р  А
Б  Қ  А  С  М  Ы  Р  А  С  Ә  Б  І  З  Н
```

АРТИШОК	АҚЖЕЛКЕН
БРОККОЛИ	БҰРШАҚ
СӘБІЗ	АСҚАБАҚ
БАЛДЫРКӨК	ШАЛҒАМ
ҚИЯР	САЛАТ
БАЯЛДЫ	ШАЛОТ
САРЫМСАҚ	ШПИНАТ
ЗІМБІР	ҚЫЗАНАҚ
ЗӘЙТҮН	РЕПА
ПИЯЗ	

73 - The Media

```
Қ Ь Ж Ч Қ Б Б А Й Л А Н Ы С
Ә Ы Е Ц Ч І Қ О Ғ А М Д Ы Қ
В Ь Л Р Е Л І Т К А Ф Ь Р Қ
Ғ Р І Я Ұ І Ы Е Ю К Ж К А А
І А Ь Ш И М Ы Л Ы С А Б Д Р
Г Л Ф Ш К Ц С А Н Д Ы Қ И Ж
Р А Д Л А Н Р У Ж О Ә Ю О Ы
Г М З Ц Н Қ І Е Д І Л Е Ж Л
И А С Е У Ы К К М Я А Б А А
Г Н Ч Щ Т О І Е Я М М Ж І Н
Я Р Ц М Ә Т П Ж Е И О У Ғ Д
Д А К Х Ч Һ Е Ч Ә Ъ Ү К А Ы
Ж Ж Т Һ Ү С Ғ Р Ш Ғ Ц Я Ү Р
Ө Н Е Р К Ә С І П П Ь Һ Ғ У
```

ЖАРНАМАЛАР	ӨНЕРКӘСІП
КОММЕРЦИЯЛЫҚ	ЖУРНАЛДАР
БАЙЛАНЫС	ЖЕЛІ
САНДЫҚ	ГАЗЕТТЕР
БАСЫЛЫМ	ЖЕЛІДЕ
БІЛІМ	ПІКІР
ФАКТІЛЕР	ҚОҒАМДЫҚ
ҚАРЖЫЛАНДЫРУ	РАДИО
ЖЕКЕ	

74 - Boats

```
Й А Ь К Ө П Б В Л Й Ә Р С Ы
Е Р А Д Н Ы Қ Л О Т У Ж К Ғ
У Қ З І Ң Е Т П Ж М А Ғ С Л
Т А К Ә Ш Ы Қ Т Л А Ғ З О Қ
Е Н А Ө К О Д И Ө С П Ү К Ы
Ң Г Я З П І Р Х К Т Ы И Ұ Е
І Б К Е А Ж Р Ұ Ч Б Б Ь К Ц
З Й У Н Р Я О М О Й Ъ Ш Х Э
Ш К С Й О Я Г Ә Ң Н Р Е Ң А
І А А Ғ М Х Ә Ф Д В Е Ж Ш Х
Е Н Л Һ И Т Ж У Е У В А Р Ұ
Ц О Ъ Р Д А Ж Ц Ю Я Ұ К Д Ф
Ы Э К Д А Қ Ү Е Ы М Ц Т У Ч
П К Ғ Ф С Г Һ Ұ Ц У Ю Қ Й Ү
```

ЗӘКІР	МАСТ
БУЙ	ТЕҢІЗ
КАНОЭ	МҰХИТ
ЭКИПАЖ	САЛ
ДОК	ӨЗЕН
ҚОЗҒАЛТҚЫШ	АРҚАН
ПАРОМ	ТЕҢІЗШІ
КАЯК	ТОЛҚЫНДАР
КӨЛ	ЯХТА

75 - Activities and Leisure

```
В Е Б Б Л О Б Т Е К С А Б Б
О Л Қ А О Т Ж І Р Е Н Ө М Е
Л Е Й Ә Л К Ж Ұ Р М Қ Х Ф Й
Е К Ц Щ Щ Ы С Д Ң П Х Ь Ь С
Й И Ұ И У Н Қ Б Л И Ү Ч К Б
Б Б Т Е Р У С А К Н П В Г О
О Б А Ң Л Щ Ә Ц У Г И У О Л
Л О Х У О К П Ф Е Л Е Я Л Г
И Х Я Л Б О Ш Н Қ Ы А Г Ь Т
Ф Щ А А Т А С Ү Ң Г У У Ф Е
Ғ Ю С М У Ь Қ Ъ Й Ү Ч Х Д Н
К Ш Ғ Е Ф Т Ч Ш П Е Ю Н Ң Н
У С Ә Д М Ұ Ғ Ь А Ф С Ғ В И
Ь Ч Ж Ү З У І Г Н И Ф Р Е С
```

ӨНЕР	ХОББИ
БЕЙСБОЛ	СУРЕТ
БАСКЕТБОЛ	ДЕМАЛУ
БОКС	ФУТБОЛ
КЕМПИНГ	СЕРФИНГ
СҮҢГУ	ЖҮЗУ
БАЛЫҚ АУЛАУ	ТЕННИС
БАУ-БАҚША	САЯХАТ
ГОЛЬФ	ВОЛЕЙБОЛ

76 - Driving

```
Ж Ъ П Й П С Ъ Ъ Й Я Г Г Л І
Ү К У О М У Ы Н Ү С Ь Ч А Ң
Р Ң Ю Ғ Л К И Ц О Т О М Ж З
Г Қ Ь Ә Я И З Н Е Ц И Л Ы Қ
І Ы Ч Қ Р Ф Ц М О Т О Р Л А
З Я Һ Е Е А Ь И К Ү Т Ш Д У
У Ә Ң Һ Т Р И Х Я Ж О Л А І
Ш М Б Е Ш Т Г А Р А Ж Й М П
І Ө К К І Л Ө К О Т Ы Н Д С
І Ш Н І Г Р Ү Ж У Я А Ж Ы І
У Й Ь Л Е Н Н У Т О Т П Қ З
О Ж Қ Щ Ж А И Ж К Ғ Р Р А Д
Р Ұ О М Е Қ А У І П А Ө У І
И Ғ Й С Т О Д Ч Р Ғ К Ү Ж К
```

АПАТ	МОТОР
ТЕЖЕГІШТЕР	МОТОЦИКЛ
КӨЛІК	ЖАЯУ ЖҮРГІНШІ
ҚАУІП	ПОЛИЦИЯ
ЖҮРГІЗУШІ	ЖОЛ
ОТЫН	ҚАУІПСІЗДІК
ГАРАЖ	ЖЫЛДАМДЫҚ
ГАЗ	ТРАФИК
ЛИЦЕНЗИЯ	ЖҮК
КАРТА	ТУННЕЛЬ

77 - Professions #2

```
С Ф Щ И К У Ұ Б А Ғ Б А Н М
Т Ү И Ө Н Е Р Т А П Қ Ы Ш М
О Г О Л О И Б Н Ұ Қ В Ъ Д Ұ
М Н Ч Ө О Х Ң Т Ш Ш Х Ь Ә О
А Д Ы Т Ц С Ұ Х Қ Ч Ғ Й Р Қ
Т Т Ь Т Ф Р О Ь Ы У Д Ө І Ы
О Ф Е Р М Е Р Ф Ш М Ғ К Г Т
Л К І Т А П Х А Н А Ш Ы Е У
О Ө Х Ш Ф О Т О Г Р А Ф Р Ш
Г Ю О И Т Л И Н Г В И С Т Ы
Ф В И Т К Е Т Е Д Ы Ш Я Н Ф
И Н Ж Е Н Е Р Е К Ш Ы Р А Ғ
Ь К Д Х Ц Г Р У Р И Х Х Й Ц
И И Р О Т А Р Т С Ю Л Л И Ц
```

ҒАРЫШКЕР	КІТАПХАНАШЫ
БИОЛОГ	ЛИНГВИСТ
СТОМАТОЛОГ	СУРЕТШІ
ДЕТЕКТИВ	ФИЛОСОФ
ИНЖЕНЕР	ФОТОГРАФ
ФЕРМЕР	ДӘРІГЕР
БАҒБАН	ҰШҚЫШ
ИЛЛЮСТРАТОР	ХИРУРГ
ӨНЕРТАПҚЫШ	ОҚЫТУШЫ

78 - Mythology

М	І	Н	Е	З	Қ	Ұ	Л	Ы	Қ	Т	Һ	Һ	С
О	Ө	Л	Ь	Ч	Ю	Н	А	П	С	А	Ң	Й	И
Ғ	Ж	С	У	Ъ	У	Қ	Ы	Р	Ы	Т	А	Б	Қ
Н	Ъ	Ь	А	Ж	А	Л	Қ	А	Х	К	Ж	Ұ	Ы
Қ	А	Ж	Р	І	С	Ц	Ұ	Л	М	Е	Г	Т	Р
Ж	Ы	Й	А	Һ	А	А	Б	Й	Ә	К	Т	Н	Л
А	Ж	З	З	Қ	Ж	Ң	Ы	А	Д	Ө	А	И	Ы
Р	А	Ф	Ғ	А	М	Ы	Ж	Д	Е	Л	П	Р	П
А	У	О	О	А	Ғ	З	Ы	Ұ	Н	М	А	И	Ш
Т	Ы	П	Е	Ц	Н	А	Қ	Қ	И	Е	Ұ	Б	Ә
Ы	Н	У	Ц	К	К	Ы	Й	Ғ	Е	С	М	А	Һ
Л	Г	В	С	Ъ	В	А	Ш	Ң	Т	Т	Ж	Л	Ъ
Ы	Е	Ъ	Ы	Ф	М	Ң	Ү	Я	Қ	І	Һ	Ш	Щ
С	Р	Г	Ө	Д	Ң	М	К	Щ	Ш	К	Ь	И	И

АРХЕТИП
МІНЕЗ-ҚҰЛЫҚ
ЖАСАУ
ЖАРАТЫЛЫС
МӘДЕНИЕТ
ҚҰДАЙЛАР
АПАТ
АСПАН
БАТЫР
ӨЛМЕСТІК

ҚЫЗҒАНЫШ
ЛАБИРИНТ
АҢЫЗ
НАЙЗАҒАЙ
СИҚЫРЛЫ
ҚҰБЫЖЫҚ
АЖАЛ
КЕК
КҮШ
ЖАУЫНГЕР

79 - Hair Types

```
Ә П Я Б І К А І Й Ж Ү С Р Ө
Қ О Ң Ы Р Я Ү Ә А У Ю А Ч Р
Б К Ж А Ұ Ю Ө М Ө А Қ У Ж І
Ь Ң Ұ Б С І Н Г І Н А С Ұ Л
А Ұ Қ Ұ Ч С Д У Қ С Р А М Г
Ө Г А Қ З Б Ү Ы Қ П А Н С Е
Қ Р Я Қ А Ы Ф Ч П И Қ Ч А Н
Ұ Ы І А Т Х Н Н К Ъ С Р Қ Ъ
Р Т Д М Б Ұ Й Р А Х Ы А Қ Н
Ғ Л С Ә Ұ С Һ Ы Ш Ш Қ Т І Г
А Ы Д Н Ы Қ Л О Т Г Б Е Ң Ъ
Қ Ж О Х Й І Р Ч Щ К Ю Г Б Н
Ү Ү Я Д Ғ Ж М У К Ъ Ъ І Ь И
П Ф П Д В Ъ Ч Ч І І Я С К В
```

ТАЗ	ҰЗЫН
ҚАРА	ЖЫЛТЫР
АҚҚҰБА	ҚЫСҚА
ӨРІЛГЕН	КҮМІС
ӨРІМ	ТЕГІС
ҚОҢЫР	ЖҰМСАҚ
БҰЙРА	ЖУАН
ҚҰРҒАҚ	ЖҰҚА
СҰР	ТОЛҚЫНДЫ
САУ	АҚ

80 - Garden

```
Ш Ш Ы Г Б М Н Л Ү Н Ь Ң Ц А
Ә Ө Ә А Ш Қ А Б Р Ю Е У И Р
Т П А Р Х Г Н А Л Ш М Ә Ғ А
Ж Ү Ә А С Ь Б С Ғ Л Ү Г И М
Я М У Ж Ә Ж Д А Я А К Ж Б Ш
Қ У Қ Ы Д Н Ы Р О Г Ш Ү У Ө
Т О Ұ Я Г Б Ц Р Ә Ө Т З Ш П
Я О Р Һ Д О П Е М К Һ І К Т
Р Я П Ш К Ф Ш Т Қ Е Й М О Е
Ь Р С Ы А Ы М У Ф Р А Щ Ұ Р
Л І Ф Ч Р У Щ Т Ф Ү Ч Ю Р Ч
Щ Н Ң Ү Е А Ж А П К А М А Г
И Т О Ғ А Н Қ Б Қ Я Ъ Н К Ә
С К О Ж Ұ Я М Ө Д Ф П Ә Е І
```

ОРЫНДЫҚ
БУШ
ҚОРШАУ
ГҮЛ
ГАРАЖ
БАҚША
ШӨП
ГАМАК
ШЛАНГ
КӨГАЛ

ТОҒАН
РАКЕ
КҮРЕК
ТОПЫРАҚ
ТЕРРАСА
БАТУТ
АҒАШ
ЖҮЗІМ
АРАМШӨПТЕР

81 - Diplomacy

```
Е Ә Ү К І М Е Т Ң К А Д Э Һ
Л Л Д Х Ғ Ж Ө А Б І Һ И Т Б
Е Ү Ш І К Н У З Й Д О П И І
Т А Ч І Л Т Ф А К З Ң Л К Ш
Е Ұ І Ш Л Е Ү М В І Я О А Е
Ш С Т И Й І Т А Щ С Ы М Ю Ш
Ю А Ф А Ф И К Т Г П Е А М І
Л Я Я Ө С Ф І Т І І Ү Т Г М
Ь С Щ Й Щ Т Қ Ы У У Щ И С Ф
Қ А Я У А Л Ы Қ Л А Т Я О Ч
Е Т С Ы Ғ Ы Т Қ А Қ Г Л Ъ Н
А З А М А Т Т А Р Ж Д Ы Ұ Ж
Қ О Ғ А М Д А С Т Ы Қ Қ У К
М Қ Ч К Е Ң Е С Ш І Ш А Р Т
```

КЕҢЕСШІ	ЭТИКА
ЕЛШІ	ШЕТЕЛ
АЗАМАТТАР	ҮКІМЕТ
АЗАМАТТЫҚ	ТҰТАСТЫҚ
ҚОҒАМДАСТЫҚ	ӘДІЛЕТ
ҚАҚТЫҒЫС	САЯСАТ
ДИПЛОМАТИЯЛЫҚ	ҚАУІПСІЗДІК
ТАЛҚЫЛАУ	ШЕШІМ
ЕЛШІЛІК	ШАРТ

82 - Countries #1

```
И М А Р О К К О М Я Н Ж В Д
И З Л И В И Я П Υ У Ю Я Е І
Ң Ж Р В Ь Е Т Н А М Г И Н Ғ
П Б һ А Я И Н А М Р Е Г Е Я
Я Ғ Е К И Р Л А Г Е Н Е С Ғ
Ң Я Υ Х Л Л У Н Ъ Υ Т В У П
Д И А Ф И Е Ь М Ш Щ Ч Р Э А
Ц Н Ш Я З М Ц Ы Ы Ь Υ О Л Н
К А Р И А Ы Ы Υ һ Н Я Н А А
Ц П Х В Р І Ң С У Ф И О Ш М
Ұ С К Т Б Υ Г һ Ы Ж Л Я Ь А
Н И К А Р А Г У А Р А Й Л Н
Ф И Н Л Я Н Д И Я Ә Т Ц О П
Б П К А Н А Д А Ю П И Г П А
```

БРАЗИЛИЯ　　　　　МАРОККО
КАНАДА　　　　　　НИКАРАГУА
МЫСЫР　　　　　　НОРВЕГИЯ
ФИНЛЯНДИЯ　　　　ПАНАМА
ГЕРМАНИЯ　　　　　ПОЛЬША
ИРАК　　　　　　　РУМЫНИЯ
ИЗРАИЛЬ　　　　　СЕНЕГАЛ
ИТАЛИЯ　　　　　　ИСПАНИЯ
ЛАТВИЯ　　　　　　ВЕНЕСУЭЛА
ЛИВИЯ　　　　　　ВЬЕТНАМ

83 - Adjectives #1

```
Б  Ж  К  Ө  П  Б  А  Й  С  А  Л  Д  Ы  Й
І  О  Э  Ө  Р  Ә  Н  Т  Ш  Е  С  Ж  Ю  К
Р  М  К  Н  Р  Ш  Қ  А  Р  А  Ң  Ғ  Ы  Ш
Д  А  З  Р  М  К  І  Г  Р  І  З  А  Қ  Ф
Е  Р  О  Д  П  Һ  Е  Л  О  Ф  Б  К  Б  Ц
Й  Т  Т  Ц  Ң  И  Х  М  Ж  Й  Ц  І  Й  Х
С  Х  И  К  Д  Ы  Д  Н  Ұ  Қ  Щ  Т  Ү  О
Л  С  К  Ж  Ә  Д  Е  М  І  Ң  У  Т  Ғ  Ш
Ч  Ұ  А  А  М  З  Л  Щ  Ж  Я  Ю  Н  И
К  Ң  Л  У  К  Ы  П  А  Й  Д  А  Л  Ы  І
А  В  Ы  М  Ң  Й  В  П  Е  Б  О  И  С
Қ  Д  Қ  Р  И  А  Ш  Л  Б  Ә  Б  С  Я  Т
Ұ  Н  А  Ы  Д  М  Ы  Т  Р  А  Т  Б  С  І
Ж  Х  Ж  Л  Б  А  Қ  Ы  Т  Т  Ы  А  І  Щ
```

АБСОЛЮТТІК	АУЫР
ӨРШІЛ	ПАЙДАЛЫ
ХОШ ИІСТІ	АДАЛ
КӨРКЕМ	БІРДЕЙ
ТАРТЫМДЫ	МАҢЫЗДЫ
ӘДЕМІ	ҚАЗІРГІ
ҚАРАҢҒЫ	БАЙСАЛДЫ
ЭКЗОТИКАЛЫҚ	БАЯУ
ЖОМАРТ	ЖҰҚА
БАҚЫТТЫ	ҚҰНДЫ

84 - Technology

```
У Д П Қ Т Ь С Ү Х М Ч Д Б С
Т Е І С Б У Л Й А Ф І И Р А
З Е Р Т Т Е У Р Б Б Б С А Н
В Л А Е Ч І К Р А В Ы П У Д
И И Қ Л Ъ Ш У Ү Р Т Щ Л З Ы
Н А Р К Э Ы Р І Л В Т Е Е Қ
Т Ә Е Т Ф Ә С Ш А Б И Й Р А
Е Р Т Щ У Ә О О М Ш Н Р А Ь
Р Х Ю Ц Н А Р Я А Б Д Е У Б
Н Х Ь Х Г Ө Л К А М Е Р А С
Е І П А Щ Ң В Д Ң Һ Р Й Ы А
Т Ө М Р Ч І Ф Ә Ы Д А Ж Ф М
Б Л О Г Д Е Р Е К Т Е Р Л Ұ
М Ғ К Қ А У І П С І З Д І К
```

БЛОГ	ФАЙЛ
БРАУЗЕР	ҚАРІП
БАЙТТАР	ИНТЕРНЕТ
КАМЕРА	ХАБАРЛАМА
КОМПЬЮТЕР	ЗЕРТТЕУ
КУРСОР	ЭКРАН
ДЕРЕКТЕР	ҚАУІПСІЗДІК
САНДЫҚ	ВИРТУАЛДЫ
ДИСПЛЕЙ	ВИРУС

85 - Landscapes

```
Ү С А Р Қ Ы Р А М А Ү Ғ Ө Ж
Һ Ң Г М Қ Ж Т Ү Б Е К К У А
Ь Ұ Г Ч Л В С Ш Ө Л Л И Х Ғ
Ғ Ж К І А Ә И Т Е Ң І З Г А
К Ң Т В Р Е З Й Е Г Ғ У Р Ж
Я Ә И А А М А А Л Ғ А П Р А
Я Б Х Й У Ұ О Б А Т П А Қ Й
Ө Д Ұ Г А З Ң Д Т Һ Б Й О І
Н Ә М П Т Д С Қ Б У Ң Г Й Ң
Ү Т Ұ Щ Р Ы В Һ Ъ Ф Н Й Ш Е
Х І Һ Г А Қ Ж Ф М Ә Ң Д І К
Ю Б Ы Н Н Е З Ө Ң Қ Ъ Я Р Н
Б Г Ы Щ А В Ы Г Р Е Б С Й А
Қ Х Д Е Ж А Һ Ц Д А Й К Ө Л
```

ЖАҒАЖАЙ	ОАЗИС
ҮҢГІР	МҰХИТ
ШӨЛ	ТҮБЕК
ГЕЙЗЕР	ӨЗЕН
МҰЗДЫҚ	ТЕҢІЗ
ХИЛЛ	БАТПАҚ
АЙСБЕРГ	ТУНДРА
АРАЛ	АЛҒАП
КӨЛ	ЖАНАРТАУ
ТАУ	САРҚЫРАМА

86 - Visual Arts

```
Ш Ю Т Е Л У Ә С Ь М Б А П Ы
Ә Ы З Ы У А Л А Б Б К У Ы Ұ
Р М Ғ І І Ф К Һ Ғ Д Ю Ң Ж Ү
Т А Қ А В И Т К Е П С Р Е П
І Р А Т Р Е Б Ь Л О М Қ П К
С Ұ Р Н А М К Б О Р Ь А О Щ
И Қ Ы Ы Һ Ф А Е Д И Л Л Р А
Ц Ы Н Ц У Р П Ш Р У И А Т М
Ө Ш Д Ы А Ұ Щ Ъ Ы А Ф М Р Ч
Ш Л А И Ж Ч Ю Ц Р Л М Е Е Ч
Щ А Ш К Ө М І Р Й Г Ы И Т Щ
И Б М Ү С І Н Ш С Н С Қ К В
В Ц Ъ Д Ү Ц Ғ Ъ К Я О Ұ І А
Ф Ү Т Ф Ц Ч Қ Ү А Н Г Ө А Ж
```

СӘУЛЕТ	ФИЛЬМ
ӘРТІС	ЖАУҺАР
КЕРАМИКА	ҚАЛАМ
БОР	ҚАРЫНДАШ
КӨМІР	ПЕРСПЕКТИВА
БАЛШЫҚ	ПОРТРЕТ
ҚҰРАМЫ	МҮСІН
ШЫҒАРМАШЫЛЫҚ	ЛАК
МОЛЬБЕРТ	БАЛАУЫЗ

87 - Plants

```
Ұ Т К У Б М А Б Я Ж Й В П Ф
С Й Й М Һ О А Һ М И Ұ Ц Ө Л
С А Б А Қ Ш Т Н Ү Д Г Р С О
Ю Ф М Қ Ч Ұ Н А К Е Ү Ғ І Р
Б Ұ Р Ш А Қ Щ М Н К Л Қ М А
Ф Ө К Қ Г Ч Й Р Ң И Щ Ы Д И
Й Ұ Н А Й Н Ю О Ғ И К У І Д
Ь Т Щ Ж К Н Б А Қ Ш А А К Ү
Ә Р І Б Ү Т Е Ж Ю А Ұ М Ь Щ
Ә Ф Ш Ө П Л У Щ Ң Ғ Ә Р Д М
Ж А П Ы Р А Қ С П А У Ы Я С
Т Ы Ң А Й Т Қ Ы Ш Ы Қ Ш Ғ М
О Ж А Ж Ә Е Ң О М У Б С Г Я
Ү Ъ Ч Ұ К П Ш Ң Е Ы Б Ү Ш К
```

БАМБУК	ОРМАН
БҰРШАҚ	БАҚША
ЖИДЕК	ШӨП
БОТАНИКА	ШЫРМАУЫҚ
БУШ	МҮК
КАКТУС	ПЕТАЛ
ТЫҢАЙТҚЫШ	ТҮБІР
ФЛОРА	САБАҚ
ГҮЛ	АҒАШ
ЖАПЫРАҚ	ӨСІМДІК

88 - Boxing

```
Ж Е Ъ Д Ш З Ш Л И Ф Қ А Ғ Ш
С Ұ А Т Ү Е М І Һ О И К Д Ш
Т Ғ Д Т К Т Б А Ө К І Е Һ Ш
С А Х Ы Ү У Ұ Е Д У М Л К Ж
Ъ Ь Е Ә Р Г Щ Р Р С Ң Ө И А
Я Ө Ы Л Й Ы П А Ғ Л О Қ К Р
А Р Қ А Н Х Қ П Қ Ж І В Ө А
Ж А У Ы Н Г Е Р А Ө Ү К Ь Қ
А С Т Ө Р Е Ш І Т Ь И Б С А
Т А У С Ы Л Ғ А Н Ъ Т Ф У Т
Һ Н Л Ы Н Ц А Ъ Ы Г Х Һ О Т
Ж С Б Д Е Н Е Ц Ш Ы Р Ұ Б А
Һ А Щ Ю Ұ В У К Қ Ъ Ъ Б Щ Р
С А Л Ы С Р А Қ О Ң Ы Р А У
```

ҚОҢЫРАУ	ҚОЛҒАП
ДЕНЕ	ЖАРАҚАТТАР
ИЕК	КИК
БҰРЫШ	ҚАРСЫЛАС
ШЫНТАҚ	ТЕЗ
ТАУСЫЛҒАН	ТӨРЕШІ
ЖАУЫНГЕР	АРҚАН
ЖҰДЫРЫҚ	ШЕБЕРЛІК
ФОКУС	КҮШ

89 - Countries #2

```
Л А П Е Н Һ Ю Р Г П В Ң Н У
И Ж Ж Я Я В Й Т Е П І Щ И Г
В А Я М А Й К А Ң С Г Ө Г А
А П Ъ Ы Ш Ф Ү Л Й О Е Һ Е Н
Н О Ә Д У П Ә Қ Ү А Ң Й Р Д
Д Н А Т С І К Ә П Л Ж Ь И А
Я И Н А Б Л А Ц Д Ц Ч Р Я К
И Я И Ц Е Р Г С И Ц Ш Ю И Ә
Р И И Т И А Г А У Щ У В Р И
Е П Ө Н Л Щ А И П Д Ь Ғ И Щ
Б О Ө Р А Ж Н Н Б Ф А Б С Қ
И И Ғ Ө М Д И С У К У Н А К
Л Ф Һ Н О Һ М Е К С И К А Я
Ң Э Я Ю С У К Р А И Н А Н К
```

АЛБАНИЯ	МЕКСИКА
ДАНИЯ	НЕПАЛ
ЭФИОПИЯ	НИГЕРИЯ
ГРЕЦИЯ	ПӘКІСТАН
ГАИТИ	РЕСЕЙ
ЯМАЙКА	СОМАЛИ
ЖАПОНИЯ	СУДАН
ЛАОС	СИРИЯ
ЛИВАН	УГАНДА
ЛИБЕРИЯ	УКРАИНА

90 - Adjectives #2

```
Ш Я Д У Ж І К Х Ф К Ж Я Ы У
Ы Т Т А Ш Ү В Т М Ү А Л С К
Н Ғ Ұ Т Р Т Д И М Ш Б Ж Т Ц
А Ю Ц Т Щ Ы Ұ Е Ы Т А Ы Ы Қ
Й Л О А Ф О Н З Ә І Й Қ Қ С
Ы И М П Қ О Ш Д Д Ы Ч Н И
Н Ғ Б И Ұ П Ы Н Ы Ы Е П В Б
Д И Б С Р Я Н Ч Ъ Һ Ш М Ү Ъ
Ә Б А Ш Ғ Ж А У А П Т Ы І Г
Ж А Ң А А И Т А Ұ К Қ Р С У
К Т Д М Қ Ц Қ С Һ Ь Ы Қ Й Ұ
Ө Н І М Д І А Ө Ь Б З Һ Н Ш
Қ Ы Л Ы Ш А М Р А Ғ Ы Ш Ү Х
Ү Н Е Р Ө Ү С Ы Ф Ю Қ Х Д Ж
```

ШЫНАЙЫ	ҚЫЗЫҚ
ШЫҒАРМАШЫЛЫҚ	ТАБИҒИ
СИПАТТАУ	ЖАҢА
ҚҰРҒАҚ	ӨНІМДІ
ӘДЕМІ	МАҚТАНЫШ
АТТЫ	ЖАУАПТЫ
ДАРЫНДЫ	ТҰЗДЫ
САУ	ҰЙҚЫ
ЫСТЫҚ	КҮШТІ
АШ	ЖАБАЙЫ

91 - Psychology

Е	Р	Р	Қ	А	Б	Ы	Л	Д	А	У	И	Ф	Т
С	А	Е	Қ	Д	Ш	И	Ү	Ң	Ө	Р	Д	У	Е
Т	Л	Л	Ы	Ч	Ф	Ы	Ә	Ғ	В	Д	Е	Н	Р
Е	Я	Е	Л	Ь	Р	Ц	Н	Ұ	Ш	Я	Ө	А	А
Л	И	Б	А	Р	О	Қ	Ш	Д	С	С	Л	Я	П
І	Ц	И	К	Г	К	А	М	У	Ы	Щ	А	Т	И
К	О	Р	И	Б	Р	Ш	Л	А	Ғ	Қ	Р	Ұ	Я
Т	М	І	Н	Е	З	Қ	Ұ	Л	Ы	Қ	А	Л	И
Е	Э	Ж	И	В	І	Ы	Т	А	Т	А	Л	Ғ	Ц
Р	Һ	Ә	Л	К	С	Л	А	Ғ	Қ	Р	Й	А	А
Г	Д	Т	К	Ь	С	А	Н	А	А	М	О	Ү	С
Й	Э	Г	О	Л	Е	Л	Ы	Б	Қ	А	В	Г	Н
М	Ә	С	Е	Л	Е	А	М	Х	Х	Н	Р	В	Е
Р	Х	Ч	Т	Я	Я	Б	П	Ғ	Ю	С	Й	Ф	С

БАҒАЛАУ
МІНЕЗ-ҚҰЛЫҚ
БАЛАЛЫҚ ШАҚ
КЛИНИКАЛЫҚ
ТАНЫМ
ҚАҚТЫҒЫС
АРМАН
ЭГО
ЭМОЦИЯЛАР
ТӘЖІРИБЕЛЕР

ИДЕЯЛАР
ЕСТЕЛІКТЕР
ҚАБЫЛДАУ
ТҰЛҒА
МӘСЕЛЕ
ШЫНДЫҚ
СЕНСАЦИЯ
ТЕРАПИЯ
ОЙЛАР
ЕССІЗ

92 - Math

```
П  Г  Ж  К  С  С  В  Һ  Р  Ө  Я  Р  С  Ч
Д  А  Е  Щ  Қ  Ү  Ғ  І  Й  К  Ә  Ж  У  Ү
И  П  Р  О  Ы  У  А  Ж  Ь  Ә  Р  И  Я
А  О  А  А  М  М  Ж  С  Т  Ъ  Г  Ә  Д  И
М  Л  Д  Р  Л  Е  Б  Ұ  Р  Ы  Ш  Т  А  Р
Е  И  Н  Е  Р  Л  Т  І  Е  Д  Ө  Н  Р  Т
Т  Г  А  Ф  Ю  Ө  Е  Р  Е  Б  Ң  Е  Ш  Е
Р  О  С  С  Ф  К  Ә  Л  И  Н  Т  Н  Ы  М
І  Н  О  Н  Д  Ы  Қ  Щ  Ь  Я  Е  О  Р  М
Т  Ө  Р  Т  Б  Ұ  Р  Ы  Ш  Қ  Ң  П  Ұ  И
П  Е  Р  И  М  Е  Т  Р  Ю  Ғ  Д  С  Б  С
А  Ж  Л  Ұ  Ы  Г  Ұ  С  Ь  Х  Е  К  Ш  Ж
А  Р  И  Ф  М  Е  Т  И  К  А  У  Э  Ү  С
П  Т  Н  М  М  А  Һ  Л  Ъ  Ш  Б  Ы  Л  И
```

БҰРЫШТАР	ПАРАЛЛЕЛЬ
АРИФМЕТИКА	ПЕРИМЕТР
ШЕҢБЕР	ПОЛИГОН
ОНДЫҚ	РАДИУС
ДИАМЕТРІ	ТӨРТБҰРЫШ
ТЕҢДЕУ	СФЕРА
ЭКСПОНЕНТ	СИММЕТРИЯ
ГЕОМЕТРИЯ	ҮШБҰРЫШ
САНДАР	КӨЛЕМ

93 - Activities

```
С Т П Т У К Ғ У У Б Ж Х Ч Ұ
К Е Р А М И К А А О У Щ Л Ы
М Р Ы З Ь Л Б Л Л С І Х Ф Г
М У Ұ Ә Д Й Ч У У Т Ь О Ұ
Қ С Й Л Ь Е С А А А Ү С Т Б
А О Ч Ү Ғ Щ М Ң Қ Қ Й И О А
Ү Ь Л У Ь Р І А Ы Ы Ц Қ С У
Г Ю Ю Ө Ө Ң Ғ Қ Л Т С Ы У Б
В Р А Д Н Ы Й О А Ы Ы Р Р А
Т О Қ У Ш Е Қ Ь Б Й С Л Е Қ
О Қ У К І Л Р Е Б Е Ш Ы Т Ш
Ж С Б Е Л С Е Н Д І Л І К А
Ғ П П Т Ю Г Н И П М Е К Ң С
Ғ Қ Ж М Ы Ы Ө И Ж Ю Ж Ф Ә Ь
```

БЕЛСЕНДІЛІК	ТОҚУ
ӨНЕР	БОС УАҚЫТ
КЕМПИНГ	СИҚЫРЛЫ
КЕРАМИКА	СУРЕТ
ҚОЛӨНЕР	ФОТОСУРЕТ
БИ	ЛӘЗАТ
БАЛЫҚ АУЛАУ	ОҚУ
ОЙЫНДАР	ДЕМАЛЫС
БАУ-БАҚША	ШЕБЕРЛІК
АҢ АУЛАУ	

94 - Business

```
З Ш А К И М О Н О К Э М Қ Ж
И А Я Қ М А Н С А П К Е А Ұ
Н Л У О Ш Ц Г Ы Т Й В Н Р М
В О Н Ы Ъ А Е Й С Щ А Е Ж Ы
Е Р Е К Т Е М З Ы Қ Л Д Ы С
С Т К С А Т У Қ Б Ц Ю Ж К Б
Т А Ү Б Л Ө У Ұ А Й Т Е О Е
И У Д Й Ю Г Ь Н Т Қ А Р М Р
Ц А П К І Д Л І Ң Е Ж Ъ П У
И Р Х Ч Ч Л Ж К Е Ң С Е А Ш
Я Л Ә Ю Ө Г Ұ Е Қ Т Г Ю Н І
Л Б Ұ Г Ә И Р Ю Т Ъ Ұ Г И А
А Ғ Ө Ъ Ф П Е В В У С Р Я Й
Р А Т Қ Ы Л А С Ң Ө Ұ Л Т К
```

БЮДЖЕТ	ҚАРЖЫ
МАНСАП	ТАБЫС
КОМПАНИЯ	ИНВЕСТИЦИЯЛАР
ҚҰН	МЕНЕДЖЕР
ВАЛЮТА	ТАУАР
ЖЕҢІЛДІК	АҚША
ЭКОНОМИКА	КЕҢСЕ
ҚЫЗМЕТКЕР	САТУ
ЖҰМЫС БЕРУШІ	ДҮКЕН
ЗАУЫТ	САЛЫҚТАР

95 - The Company

```
Һ Ь С Ц Ғ Б С Ө Б И З Н Е С
Ь К Г Ж Ф У Ю Н Ұ Щ И Р Ш Ө
Ғ М Г Қ Т Ә Г І Ң Е Н Е Ы Н
Т А П С Ы Р У М О Л Н С Ғ Е
С А П А Ц Б Е Д Е Л О У А Р
М Ү М К І Н Д І К Қ В Р Р К
Т Ә У Е К Е Л Д Е Р А С М Ә
Ш Ф Я С Ш Б К Р Ж Х Ц Т А С
Қ Е А Ү І Ң Ә С А Г И А Ш І
М В Ш В Қ Ч С Ы Л К Я Р Ы П
М Р К І Л Р І Б А Ұ Л Б Л Ө
И Г Г Ы М Ш Б А Қ В Ы Ы Ы Ч
П А Ж Й Ы Н И Т Ы У Қ Ң Қ Ч
И Н В Е С Т И Ц И Я Л А Р Ж
```

БИЗНЕС	КӘСІБИ
ШЫҒАРМАШЫЛЫҚ	САПА
ШЕШІМ	БЕДЕЛ
ӨНЕРКӘСІП	РЕСУРСТАР
ИННОВАЦИЯЛЫҚ	ТАБЫС
ИНВЕСТИЦИЯЛАР	ТӘУЕКЕЛДЕР
МҮМКІНДІК	БІРЛІК
ТАПСЫРУ	ЖАЛАҚЫ
ӨНІМ	

96 - Literature

```
С И П А Т Т А М А С Ү О Ц В
Т А Л Д А У Ф Ф Ұ Ь Ц Т Ы Ч
С А Я Ө Ө Л Я И Г О Л А Н А
І Т Щ Ң Л Й Ь Г Л Л П В Я Р
П Д И Щ Е Р Н А Ж Ү О Т А О
Ы В К Л Ң Ю О Б Ш И Э О Б Ф
Р И Т М Ь Ъ К М О Н Т Р Р А
Ы Ғ Д И А Л О Г А Ш И І І Т
Қ Ы Р И Ф М А Қ Е Н К К М Е
А Т Р А Г Е Д И Я Ө А І Ө М
Т О Д К Е Н А М Ъ Һ Л П Ц Ш
Қ О Р Ы Т Ы Н Д Ы Д Ы Ғ Ы Ф
С А Л Ы С Т Ы Р У Ф Қ Я Ч В
Ш А Ұ Щ Л Ғ Ш Ц Ғ Н Ә О Ң Е
```

АНАЛОГИЯ	МЕТАФОРА
ТАЛДАУ	РОМАН
АНЕКДОТ	ПІКІР
АВТОР	ӨЛЕҢ
ӨМІРБАЯНЫ	ПОЭТИКАЛЫҚ
САЛЫСТЫРУ	РИФМА
ҚОРЫТЫНДЫ	РИТМ
СИПАТТАМА	СТИЛЬ
ДИАЛОГ	ТАҚЫРЫП
ЖАНР	ТРАГЕДИЯ

97 - Geography

```
Ө  Т  Ь  Ұ  Ө  Ө  Ү  В  М  Е  Л  Ә  Ғ  К
Қ  К  Е  Қ  Ұ  Р  Л  Ы  Қ  Ұ  Й  К  Ө  Т
Ы  І  Й  Ү  Х  Р  С  В  Ф  А  Х  Х  А  Қ
Б  Т  Т  Г  Е  А  У  М  А  Қ  М  И  Ө  А
І  С  Я  О  Ң  Т  Ү  С  Т  І  К  Й  Т  Л
Е  Ү  Һ  Ф  Һ  Д  С  Е  Ъ  Т  Ұ  Г  А  А
А  Т  Л  А  С  Х  Ф  Щ  Н  Т  А  Ұ  Н  Ъ
Ң  Л  Ь  Ұ  Ү  Р  Ғ  Л  А  Р  А  Л  Е  Л
Ч  О  С  О  Ч  Ш  Я  Х  И  К  И  Ы  З  К
Т  С  М  Х  Т  Р  Е  Н  Д  І  К  Т  Ө  А
Р  А  Ш  Ы  Т  Р  А  Ж  И  О  Ң  Е  Ғ  Р
Ұ  Қ  У  Б  А  Т  Ы  С  Р  Ш  Щ  Ң  Н  Т
Ө  О  Г  Ң  С  Ц  Ө  Л  Е  Ы  Ф  І  Ғ  А
Б  И  І  К  Т  І  К  Щ  М  К  Б  З  Т  Һ
```

БИІКТІК	ТАУ
АТЛАС	СОЛТҮСТІК
ҚАЛА	МҰХИТ
ҚҰРЛЫҚ	АЙМАҚ
ЕЛ	ӨЗЕН
ЖАРТЫ ШАР	ТЕҢІЗ
АРАЛ	ОҢТҮСТІК
ЕНДІК	АУМАҚ
КАРТА	БАТЫС
МЕРИДИАН	ӘЛЕМ

98 - Pets

```
К А О В Ж Я У Ф К Р Ф Н Е Һ
Т Е Ғ Ң А Е Ъ Ә И Р С В Г Ч
Т У С М Ғ У Ө Ц Т І Е Қ Л С
П Ы К І А Й С Щ Е Б А Л Ы Қ
А Ц Ш Ұ Р Ы И С Н Ғ С Қ А Ы
Р Ө Ң Қ Ш Т Ұ Щ Я С Ө Ң Х С
Р І Р Ғ А І К Ф О П Х А И Ы
О С О І А Н К Е Қ Қ Ү Й Т М
Т Г Г Л Ъ Т Ы Р Н А Қ Т А Р
А Қ А Б С А Т Қ Ұ Й Р Ы Қ У
М А Л Д Ә Р І Г Е Р І Ш Ъ Ь
К М Ғ Г Х А М С Т Е Р Ч Ф М
Р А Д Н А Б А Т Ү Е Д Е Ғ Н
Һ Т Ұ Ж О Ғ Е Ш К І Ь Ь В Ы
```

МЫСЫҚ	КЕСІРТКЕ
ТЫРНАҚТАР	ТЫШҚАН
ЖАҒА	ПАРРОТ
СИЫР	ТАБАНДАР
ИТ	КҮШІК
БАЛЫҚ	ҚОЯН
ТАМАҚ	ҚҰЙРЫҚ
ЕШКІ	ТАСБАҚА
ХАМСТЕР	МАЛ ДӘРІГЕРІ
КИТЕН	СУ

99 - Jazz

Ж	Р	Н	А	Ж	К	А	І	Д	Һ	Т	Й	Һ	Т
І	А	К	Ы	З	У	М	Ы	Ң	Г	А	В	О	А
Ч	Д	Ң	Е	С	К	І	Р	Ъ	Ұ	Л	С	К	Ң
Ғ	Н	Т	А	І	Ш	Ю	Ғ	Я	Д	А	Т	О	Д
Щ	А	Ж	М	Т	Ъ	Т	Д	Ч	У	Н	И	Н	А
Ә	Б	У	А	Р	І	И	Ъ	Н	Е	Т	Л	Ц	У
О	А	А	Ж	Ә	Һ	Ц	Ы	Т	Т	А	Ь	Е	Л
Т	Р	О	Т	И	З	О	П	М	О	К	Ъ	Р	Ы
Е	А	К	А	Л	Ь	Б	О	М	А	Б	Щ	Т	Л
Х	Б	Қ	Е	Ң	Ғ	И	Ш	Ә	Н	Р	Б	Ә	А
Н	Ж	А	Ң	С	М	Б	М	Ы	І	И	Ұ	Л	Р
И	Ш	Р	Ү	В	Т	Н	Щ	Ү	П	І	Ф	Қ	Я
К	Ұ	Ү	К	А	И	Р	Ц	Щ	К	К	Ю	Ф	Ц
А	А	Я	Ц	Ы	Р	У	Һ	Ъ	Е	Б	Ү	П	Ұ

АЛЬБОМ	МУЗЫКА
ӘРТІС	ЖАҢА
КОМПОЗИТОР	ЕСКІ
ҚҰРАМЫ	ОРКЕСТР
КОНЦЕРТ	РИТМ
БАРАБАНДАР	ӘН
ЕКПІН	СТИЛЬ
АТТЫ	ТАЛАНТ
ТАҢДАУЛЫЛАР	ТЕХНИКА
ЖАНР	

100 - Vacation #2

```
Ө Ү Ғ В Я С П Ж А Ғ А Ж А Й
Ш Я Ө И Ф А И А Т Р А К Б Р
Ұ Е Л З Б Я Ь Ң С А Р А Л Е
И Ә Т А Б Х К У М П Ү Й М С
К У Қ Е В А Т Ж Е Е О Р Л Т
Е Е Р О Л Т Н Е Р Ж У Р Қ О
М Ж Ъ П Н Д Ъ Н Е Ә Ң Ә Т Р
П А П О Ф А І Ғ К Т Т Н П А
И Й Ө Й Н Ң Қ К Е А Ж Т Н Н
Н Ф Қ Ы Ы Һ Т Ү Ч У Г Ь У Қ
Г Р Д З І Ң Е Т Й Л Е Т Е Ш
Т А К С И Ч І Ү Ф А Я Т І Р
Ү Я Қ Ш А Т Ы Р Ғ Р О І Ш Г
Ү К У Я Й Ъ Б О С У А Қ Ы Т
```

ӘУЕЖАЙ
ЖАҒАЖАЙ
КЕМПИНГ
ШЕТЕЛ
ШЕТЕЛДІК
МЕРЕКЕ
ҚОНАҚ ҮЙ
АРАЛ
САЯХАТ
БОС УАҚЫТ

КАРТА
ТАУЛАР
ПАСПОРТ
РЕСТОРАН
ТЕҢІЗ
ТАКСИ
ШАТЫР
ПОЙЫЗ
ВИЗА

1 - Antiques

2 - Food #1

3 - Measurements

4 - Farm #2

5 - Books

6 - Meditation

7 - Days and Months

8 - Energy

9 - Archeology

10 - Food #2

11 - Chemistry

12 - Music

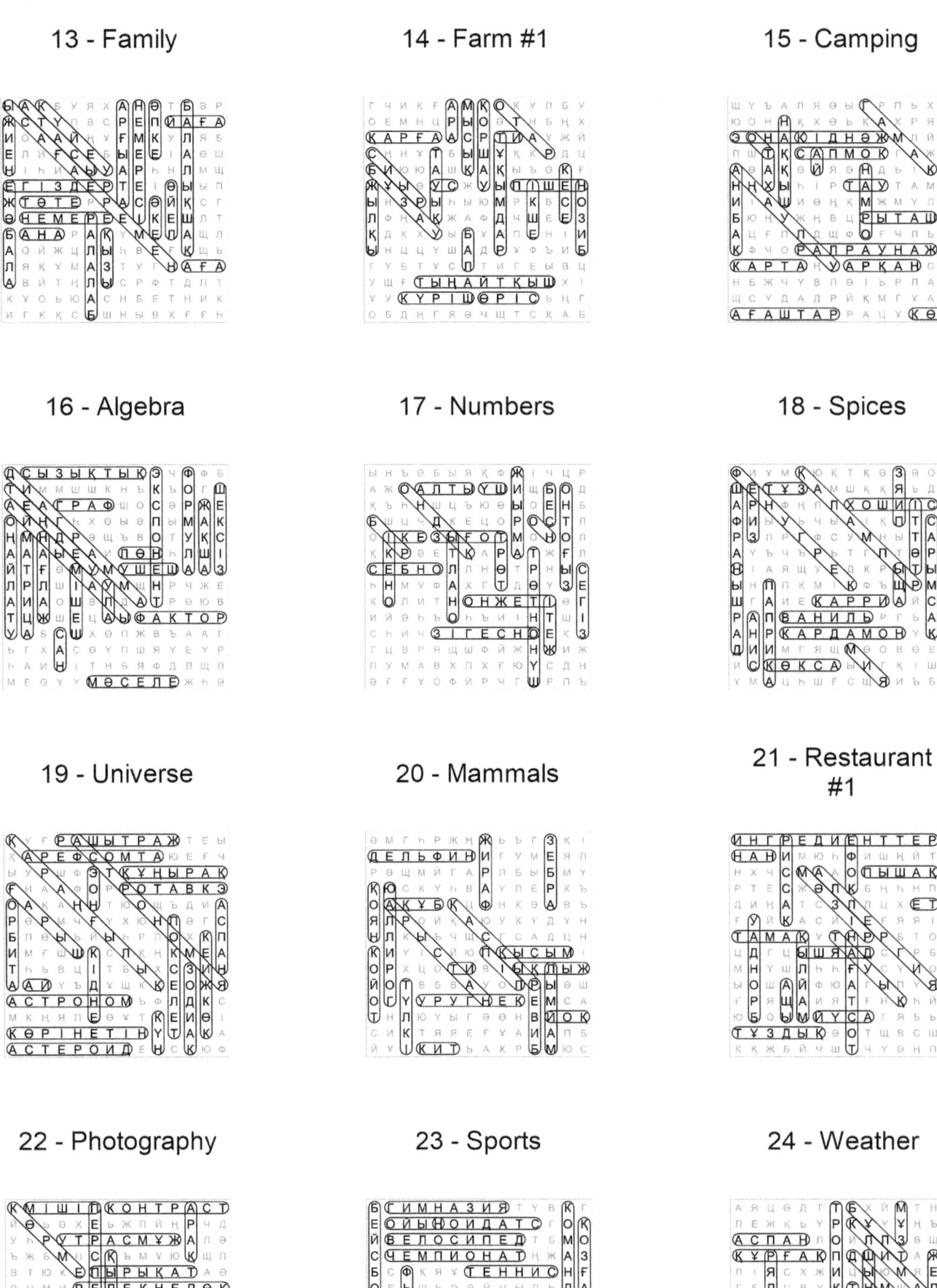

13 - Family

14 - Farm #1

15 - Camping

16 - Algebra

17 - Numbers

18 - Spices

19 - Universe

20 - Mammals

21 - Restaurant #1

22 - Photography

23 - Sports

24 - Weather

25 - Adventure

26 - Sport

27 - Circus

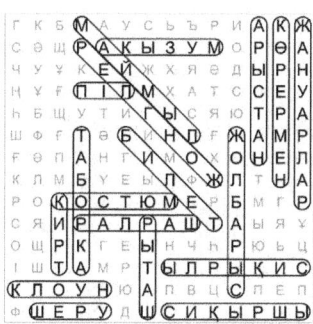

28 - Restaurant #2

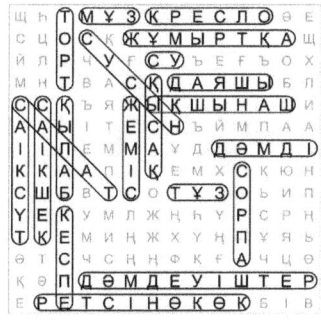

29 - Geology

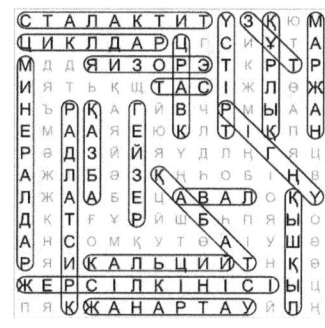

30 - House

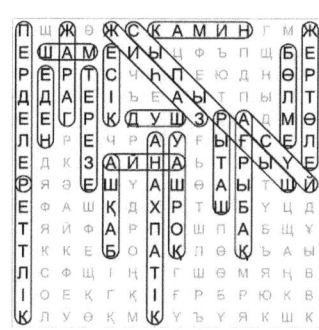

31 - Physics

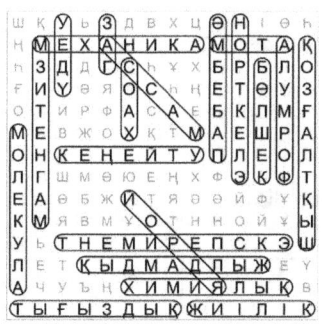

32 - Dance

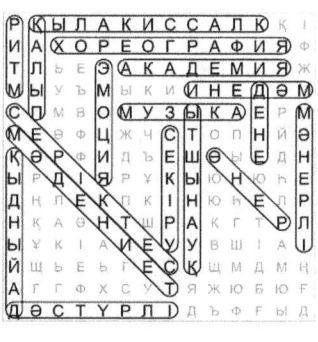

33 - Coffee

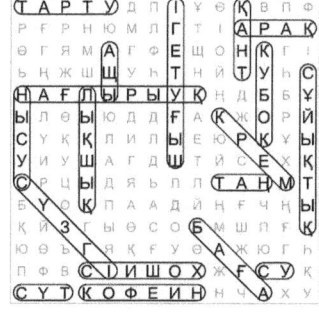

34 - Shapes

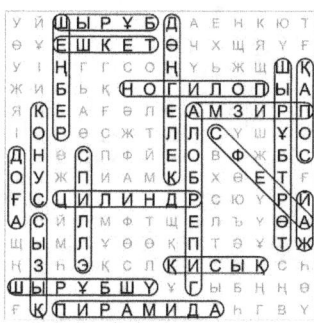

35 - Scientific Disciplines

36 - Science

37 - Beauty

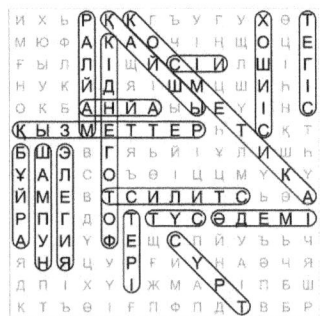

38 - Clothes

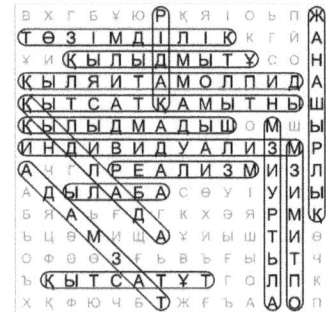

39 - Ethics

40 - Astronomy

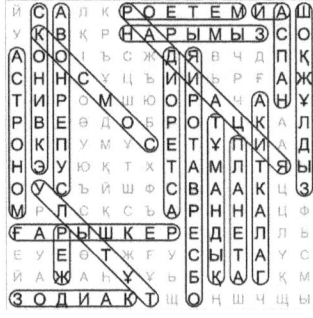

41 - Health and Wellness #2

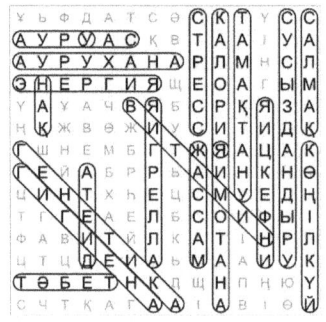

42 - Time

43 - Buildings

44 - Philanthropy

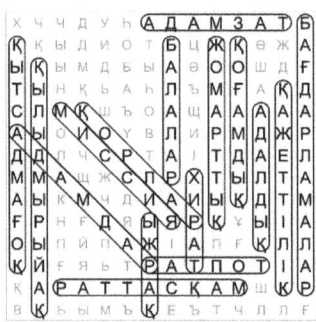

45 - Herbalism

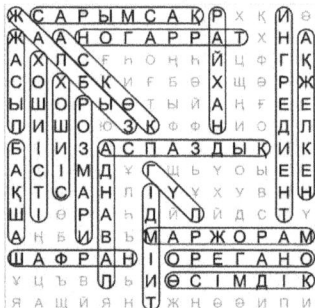

46 - Vehicles

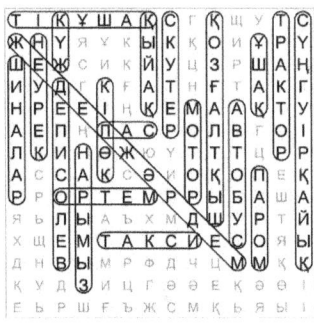

47 - Flowers

48 - Health and Wellness #1

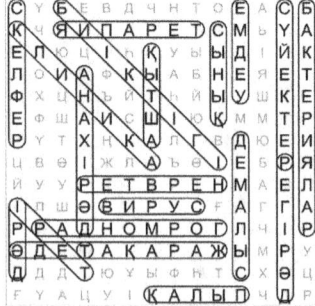

49 - Town

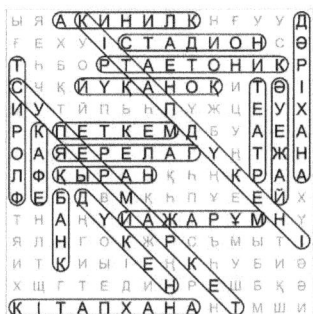

50 - Antarctica

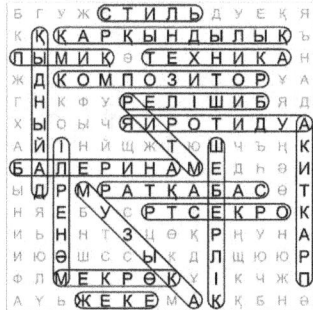

51 - Ballet

52 - Fashion

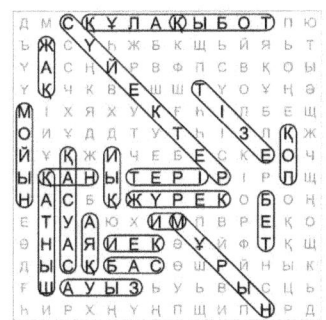

53 - Human Body

54 - Musical Instruments

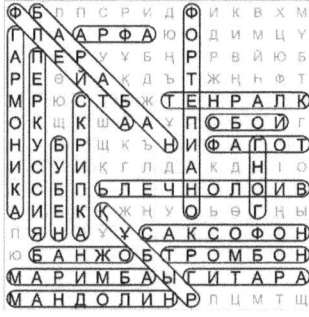

55 - Fruit

56 - Engineering

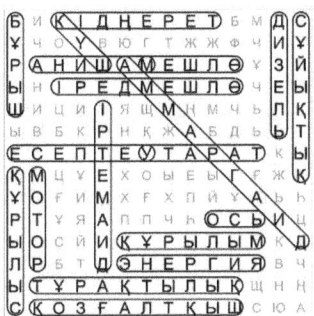

57 - Government

58 - Art Supplies

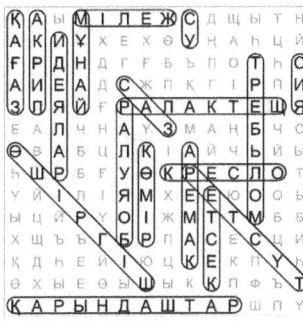

59 - Science Fiction

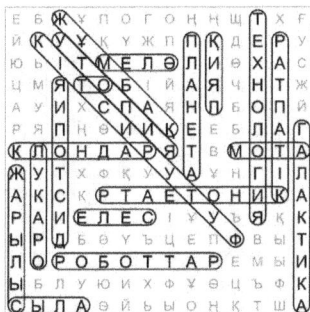

60 - Geometry

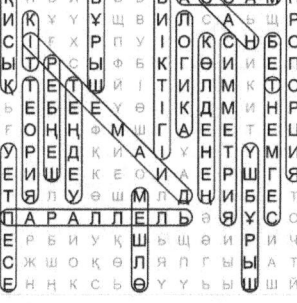

61 - Creativity

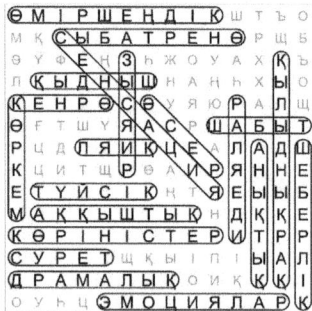

62 - Airplanes

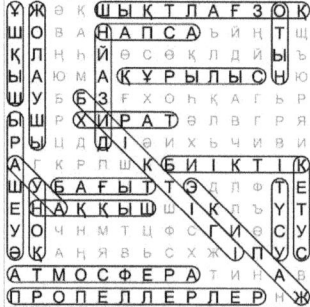

63 - Ocean

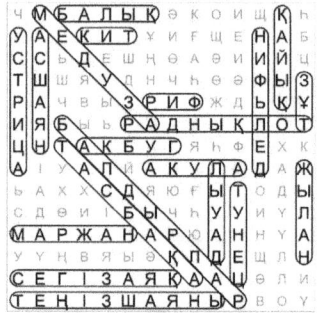

64 - Birds

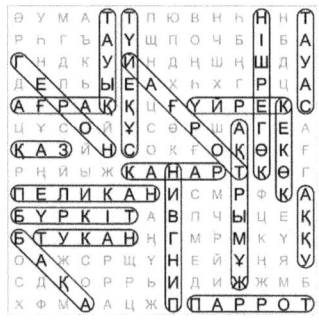

65 - Art

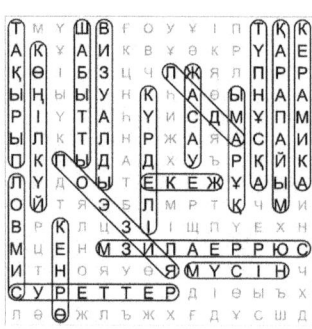

66 - Politics

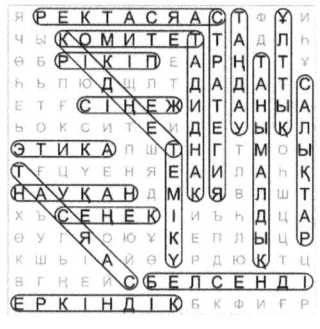

67 - Nutrition

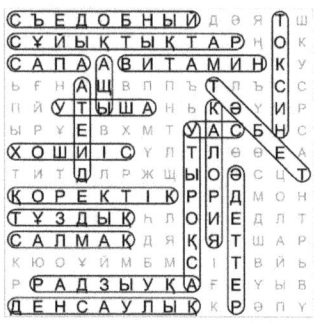

68 - Hiking

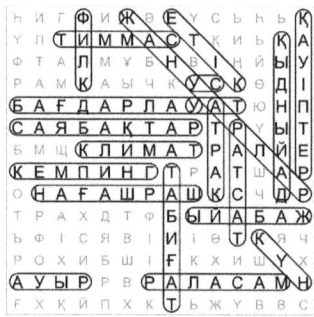

69 - Professions #1

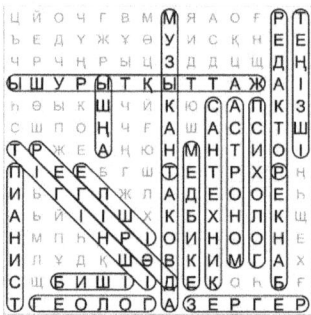

70 - Barbecues

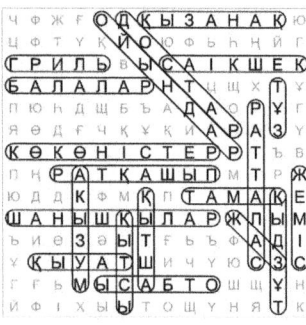

71 - Chocolate

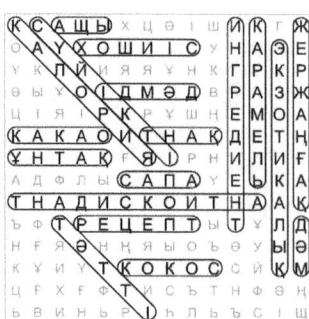

72 - Vegetables

73 - The Media

74 - Boats

75 - Activities and Leisure

76 - Driving

77 - Professions #2

78 - Mythology

79 - Hair Types

80 - Garden

81 - Diplomacy

82 - Countries #1

83 - Adjectives #1

84 - Technology

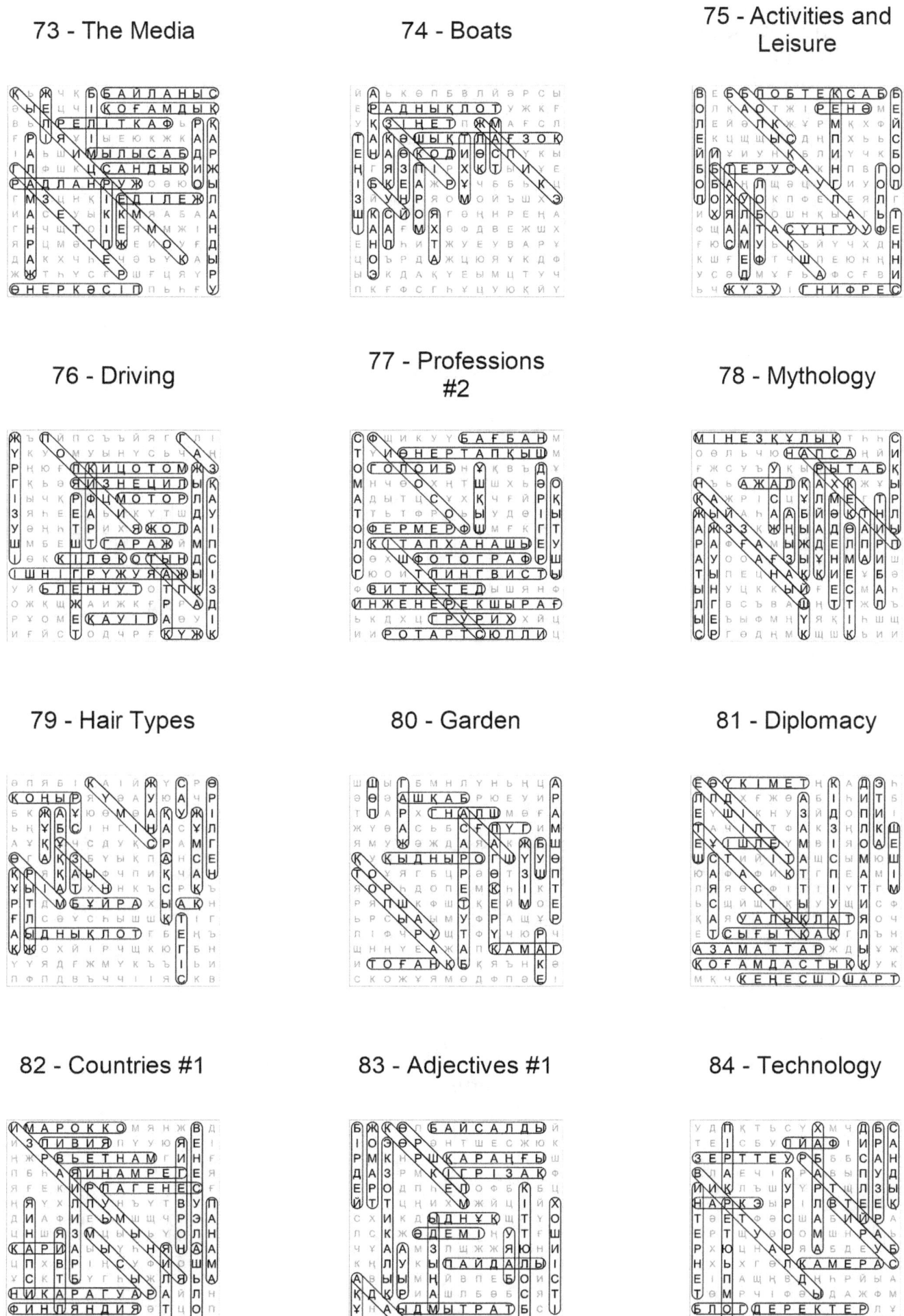

85 - Landscapes

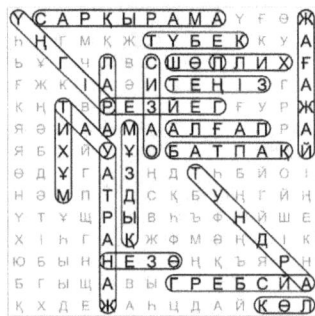

86 - Visual Arts

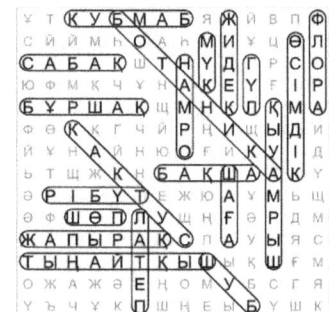

87 - Plants

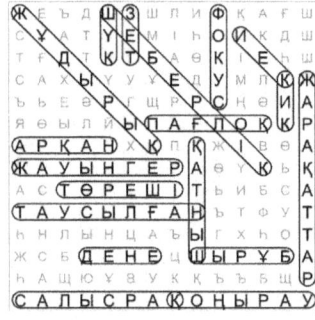

88 - Boxing

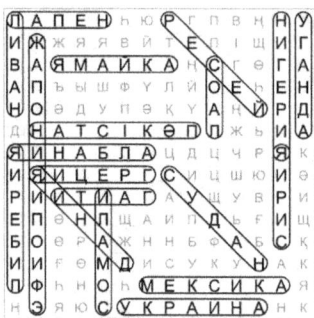

89 - Countries #2

90 - Adjectives #2

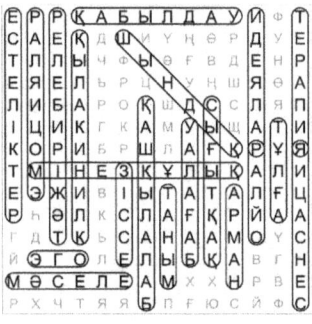

91 - Psychology

92 - Math

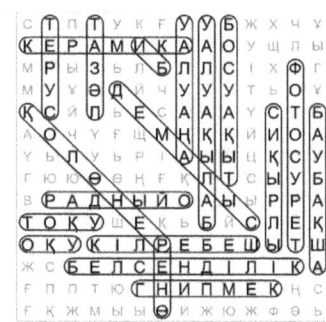

93 - Activities

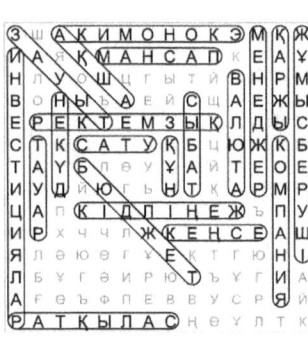

94 - Business

95 - The Company

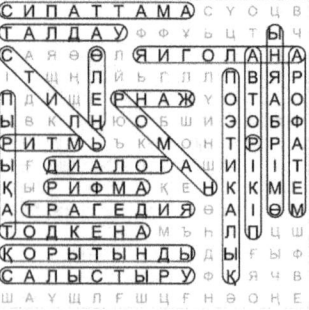

96 - Literature

97 - Geography

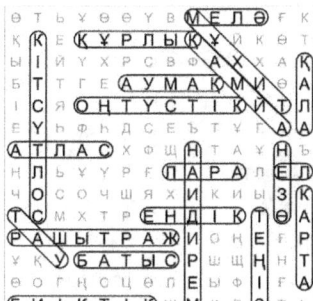

98 - Pets

99 - Jazz

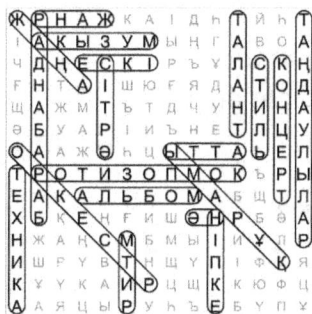

100 - Vacation #2

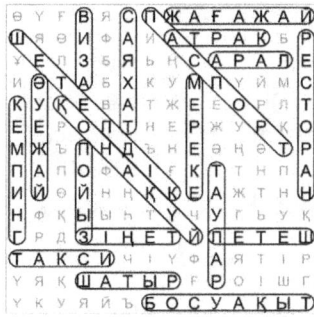

Dictionary

Activities
Іс-Шаралар

Activity	Белсенділік
Art	Өнер
Camping	Кемпинг
Ceramics	Керамика
Crafts	Қолөнер
Dancing	Би
Fishing	Балық Аулау
Games	Ойындар
Gardening	Бау-Бақша
Hunting	Аң Аулау
Knitting	Тоқу
Leisure	Бос Уақыт
Magic	Сиқырлы
Painting	Сурет
Photography	Фотосурет
Pleasure	Ләзат
Reading	Оқу
Relaxation	Демалыс
Skill	Шеберлік

Activities and Leisure
Іс-Шаралар Және Демалыс

Art	Өнер
Baseball	Бейсбол
Basketball	Баскетбол
Boxing	Бокс
Camping	Кемпинг
Diving	Сүңгу
Fishing	Балық Аулау
Gardening	Бау-Бақша
Golf	Гольф
Hobbies	Хобби
Painting	Сурет
Relaxing	Демалу
Soccer	Футбол
Surfing	Серфинг
Swimming	Жүзу
Tennis	Теннис
Travel	Саяхат
Volleyball	Волейбол

Adjectives #1
Сын Есімдер #1

Absolute	Абсолюттік
Ambitious	Өршіл
Aromatic	Хош Иісті
Artistic	Көркем
Attractive	Тартымды
Beautiful	Әдемі
Dark	Қараңғы
Exotic	Экзотикалық
Generous	Жомарт
Happy	Бақытты
Heavy	Ауыр
Helpful	Пайдалы
Honest	Адал
Identical	Бірдей
Important	Маңызды
Modern	Қазіргі
Serious	Байсалды
Slow	Баяу
Thin	Жұқа
Valuable	Құнды

Adjectives #2
Сын Есімдер #2

Authentic	Шынайы
Creative	Шығармашылық
Descriptive	Сипаттау
Dry	Құрғақ
Elegant	Әдемі
Famous	Атты
Gifted	Дарынды
Healthy	Сау
Hot	Ыстық
Hungry	Аш
Interesting	Қызық
Natural	Табиғи
New	Жаңа
Productive	Өнімді
Proud	Мақтаныш
Responsible	Жауапты
Salty	Тұзды
Sleepy	Ұйқы
Strong	Күшті
Wild	Жабайы

Adventure
Оқиғалы

Activity	Белсенділік
Beauty	Сұлулық
Chance	Шанс
Dangerous	Қауіпті
Difficulty	Қиындық
Enthusiasm	Ынта
Excursion	Экскурсия
Friends	Достар
Itinerary	Маршрут
Joy	Қуаныш
Nature	Табиғат
Navigation	Навигация
New	Жаңа
Opportunity	Мүмкіндік
Preparation	Дайындық
Safety	Қауіпсіздік
Travels	Саяхаттар
Unusual	Ерекше

Airplanes
Ұшақтар

Adventure	Шыққан
Air	Ауа
Altitude	Биіктік
Atmosphere	Атмосфера
Balloon	Әуе Шары
Construction	Құрылыс
Crew	Экипаж
Descent	Түсу
Design	Дизайн
Direction	Бағыт
Engine	Қозғалтқыш
Fuel	Отын
Height	Биіктігі
History	Тарих
Hydrogen	Сутек
Landing	Қону
Passenger	Жолаушы
Pilot	Ұшқыш
Propellers	Пропеллерлер
Sky	Аспан

Algebra
Алгебра

Diagram	Диаграмма
Equation	Теңдеу
Exponent	Экспонент
Factor	Фактор
False	Жалған
Formula	Формула
Graph	Граф
Infinite	Шексіз
Linear	Сызықтық
Matrix	Матрица
Number	Сан
Parenthesis	Жақша
Problem	Мәселе
Simplify	Оңайлату
Solution	Шешім
Solve	Шешу
Subtraction	Алу
Variable	Айнымалы
Zero	Нөл

Antarctica
Антарктида

Bay	Бай
Birds	Құстар
Clouds	Бұлттар
Conservation	Сақтау
Continent	Құрлық
Cove	Ков
Environment	Қоршаған Орта
Expedition	Экспедиция
Geography	География
Glaciers	Мұздықтар
Ice	Мұз
Islands	Аралдар
Migration	Көші-Қон
Peninsula	Түбек
Researcher	Зерттеуші
Rocky	Рокки
Scientific	Ғылыми
Temperature	Температура
Topography	Топография
Water	Су

Antiques
Антиквариат

Art	Өнер
Auction	Аукцион
Authentic	Шынайы
Century	Ғасыр
Coins	Тиындар
Decades	Онжылдықтар
Decorative	Сәндік
Elegant	Әдемі
Enthusiast	Энтузиаст
Furniture	Жиһаз
Gallery	Галерея
Investment	Инвестициялар
Old	Ескі
Paintings	Суреттер
Price	Баға
Quality	Сапа
Sculpture	Мүсін
Style	Стиль
Unusual	Ерекше
Value	Мән

Archeology
Археология

Analysis	Талдау
Ancient	Ежелгі
Antiquity	Көне
Bones	Сүйектер
Civilization	Өркениет
Descendant	Ұрпағы
Era	Эра
Evaluation	Бағалау
Expert	Сарапшы
Forgotten	Ұмытылған
Fossil	Қазба
Fragments	Фрагменттер
Mystery	Жұмбақ
Objects	Нысандар
Relic	Релик
Researcher	Зерттеуші
Team	Команда
Temple	Храм
Tomb	Қабір
Unknown	Белгісіз

Art
Өнер

Ceramic	Керамика
Complex	Күрделі
Composition	Құрамы
Create	Жасау
Expression	Өрнек
Honest	Адал
Inspired	Шабытты
Mood	Көңіл-Күй
Original	Түпнұсқа
Paintings	Суреттер
Personal	Жеке
Poetry	Поэзия
Sculpture	Мүсін
Simple	Қарапайым
Subject	Тақырып
Surrealism	Сюрреализм
Symbol	Символ
Visual	Визуалды

Art Supplies
Өнер Жабдықтар

Acrylic	Акрил
Brushes	Щеткалар
Camera	Камера
Chair	Кресло
Charcoal	Көмір
Clay	Саз
Colors	Түстер
Creativity	Шығармашылық
Easel	Мольберт
Eraser	Өшіргіш
Glue	Желім
Ideas	Идеялар
Ink	Сия
Oil	Мұнай
Paints	Бояулар
Paper	Қағаз
Pencils	Қарындаштар
Table	Кесте
Water	Су
Watercolors	Акварельдер

Astronomy
Астрономия

Asteroid	Астероид
Astronaut	Ғарышкер
Astronomer	Астроном
Constellation	Шоқжұлдыз
Cosmos	Космос
Earth	Жер
Eclipse	Тұтылу
Equinox	Эквинокс
Galaxy	Галактика
Meteor	Метеор
Moon	Ай
Nebula	Тұмандық
Observatory	Обсерватория
Planet	Планета
Radiation	Радиация
Rocket	Зымыран
Satellite	Спутник
Sky	Аспан
Supernova	Супернова
Zodiac	Зодиак

Ballet
Балет

Artistic	Көркем
Audience	Аудитория
Ballerina	Балерина
Choreography	Хореография
Composer	Композитор
Dancers	Бишілер
Expressive	Мәнерлі
Gesture	Қимыл
Intensity	Қарқындылық
Lessons	Сабақтар
Music	Музыка
Orchestra	Оркестр
Practice	Практика
Rehearsal	Дайындық
Rhythm	Ритм
Skill	Шеберлік
Solo	Жеке
Style	Стиль
Technique	Техника

Barbecues
Барбекю

Chicken	Тауық
Children	Балалар
Dinner	Кешкі Ас
Family	Отбасы
Food	Тамақ
Forks	Шанышқылар
Friends	Достар
Fruit	Жеміс
Games	Ойындар
Grill	Гриль
Hot	Ыстық
Hunger	Аштық
Knives	Пышақтар
Music	Музыка
Salads	Салаттар
Salt	Тұз
Sauce	Тұздық
Summer	Жаз
Tomatoes	Қызанақ
Vegetables	Көкөністер

Beauty
Сұлулық

Color	Түс
Cosmetics	Косметика
Curls	Бұйра
Elegance	Элегия
Elegant	Әдемі
Fragrance	Хош Иіс
Mascara	Сүрт
Mirror	Айна
Oils	Майлар
Photogenic	Фотогендік
Scent	Иіс
Scissors	Қайшы
Services	Қызметтер
Shampoo	Шампун
Skin	Тері
Smooth	Тегіс
Stylist	Стилист

Birds
Құстар

Canary	Канар
Chicken	Тауық
Crow	Қарға
Cuckoo	Көкек
Dove	Көгершін
Duck	Үйрек
Eagle	Бүркіт
Egg	Жұмыртқа
Flamingo	Фламинго
Goose	Қаз
Heron	Герон
Ostrich	Түйеқұс
Parrot	Паррот
Peacock	Тауас
Pelican	Пеликан
Penguin	Пингвин
Sparrow	Торғай
Stork	Бақа
Swan	Аққу
Toucan	Тукан

Boats
Қайықтар

Anchor	Зәкір
Buoy	Буй
Canoe	Каноэ
Crew	Экипаж
Dock	Док
Engine	Қозғалтқыш
Ferry	Паром
Kayak	Каяк
Lake	Көл
Mast	Маст
Nautical	Теңіз
Ocean	Мұхит
Raft	Сал
River	Өзен
Rope	Арқан
Sailor	Теңізші
Sea	Теңіз
Waves	Толқындар
Yacht	Яхта

Books
Кітаптар

Adventure	Шыққан
Author	Автор
Collection	Жинақ
Context	Контекст
Duality	Қосарлылық
Epic	Эпикалық
Historical	Тарихи
Humorous	Әзіл
Inventive	Өнертабыс
Literary	Әдеби
Novel	Роман
Page	Бет
Poem	Өлең
Poetry	Поэзия
Reader	Оқырман
Series	Сериялар
Story	Оқиға
Tragic	Қайғылы
Words	Сөздер
Written	Жазылған

Boxing
Бокс

Bell	Қоңырау
Body	Дене
Chin	Иек
Corner	Бұрыш
Elbow	Шынтақ
Exhausted	Таусылған
Fighter	Жауынгер
Fist	Жұдырық
Focus	Фокус
Gloves	Қолғап
Injuries	Жарақаттар
Kick	Кик
Opponent	Қарсылас
Quick	Тез
Referee	Төреші
Ropes	Арқан
Skill	Шеберлік
Strength	Күш

Buildings
Ғимараттар

Apartment	Пәтер
Barn	Сарай
Cabin	Кабина
Castle	Қамал
Cinema	Кинотеатр
Embassy	Елшілік
Factory	Зауыт
Hospital	Аурухана
Hostel	Жатақхана
Hotel	Қонақ Үй
Laboratory	Зертхана
Museum	Мұражай
Observatory	Обсерватория
School	Мектеп
Stadium	Стадион
Supermarket	Супермаркет
Tent	Шатыр
Theater	Театр
Tower	Мұнара
University	Университет

Business
Бизнес

Budget	Бюджет
Career	Мансап
Company	Компания
Cost	Құн
Currency	Валюта
Discount	Жеңілдік
Economics	Экономика
Employee	Қызметкер
Employer	Жұмыс Беруші
Factory	Зауыт
Finance	Қаржы
Income	Табыс
Investment	Инвестициялар
Manager	Менеджер
Merchandise	Тауар
Money	Ақша
Office	Кеңсе
Sale	Сату
Shop	Дүкен
Taxes	Салықтар

Camping
Кемпинг

Adventure	Шыққан
Animals	Жануарлар
Cabin	Кабина
Canoe	Каноэ
Compass	Компас
Fire	От
Forest	Орман
Fun	Қызық
Hammock	Гамак
Hat	Хат
Hunting	Аң Аулау
Insect	Жәндік
Lake	Көл
Map	Карта
Moon	Ай
Mountain	Тау
Nature	Табиғат
Rope	Арқан
Tent	Шатыр
Trees	Ағаштар

Chemistry
Химия

Acid	Қышқыл
Alkaline	Сілтілік
Atomic	Атом
Carbon	Көміртек
Catalyst	Катализатор
Chlorine	Хлор
Electron	Электрон
Enzyme	Фермент
Gas	Газ
Heat	Жылу
Hydrogen	Сутек
Ion	Ион
Liquid	Сұйықтық
Molecule	Молекула
Nuclear	Ядрой
Organic	Органикалық
Oxygen	Оттек
Salt	Тұз
Temperature	Температура
Weight	Салмақ

Chocolate
Шоколад

Antioxidant	Антиоксидант
Bitter	Ащы
Cacao	Какао
Calories	Калория
Caramel	Карамель
Coconut	Кокос
Delicious	Дәмді
Exotic	Экзотикалық
Favorite	Сүйікті
Flavor	Хош Иіс
Ingredient	Ингредиент
Peanuts	Жержаңғақ
Powder	Ұнтақ
Quality	Сапа
Recipe	Рецепт
Sugar	Қант
Sweet	Тәтті
Taste	Дәм

Circus
Цирк

Acrobat	Акробат
Animals	Жануарлар
Balloons	Шарлар
Clown	Клоун
Costume	Костюм
Elephant	Піл
Juggler	Жонглер
Lion	Арыстан
Magic	Сиқырлы
Magician	Сиқыршы
Monkey	Маймыл
Music	Музыка
Parade	Шеру
Spectator	Көрермен
Tent	Шатыр
Ticket	Билет
Tiger	Жолбарыс
Trick	Трик

Clothes
Киім

Apron	Алжапқыш
Belt	Белдеу
Blouse	Блузка
Bracelet	Білезік
Coat	Пальто
Dress	Көйлек
Fashion	Сән
Gloves	Қолғап
Hat	Хат
Jacket	Керек
Jeans	Джинсы
Necklace	Ожер
Pajamas	Пижама
Pants	Шалбар
Sandals	Сандал
Scarf	Шарф
Shoe	Аяқ Киім
Skirt	Юбка
Socks	Шұлық
Sweater	Свитер

Coffee
Кофе

Acidic	Қышқыл
Beverage	Сусын
Bitter	Ащы
Black	Қара
Caffeine	Кофеин
Cream	Крем
Cup	Кубок
Filter	Сүзгі
Flavor	Хош Иіс
Grind	Тарту
Liquid	Сұйықтық
Milk	Сүт
Morning	Таң
Origin	Шығу Тегі
Price	Баға
Roasted	Қуырылған
Sugar	Қант
Water	Су

Countries #1
Елдер #1

Brazil	Бразилия
Canada	Канада
Egypt	Мысыр
Finland	Финляндия
Germany	Германия
Iraq	Ирак
Israel	Израиль
Italy	Италия
Latvia	Латвия
Libya	Ливия
Morocco	Марокко
Nicaragua	Никарагуа
Norway	Норвегия
Panama	Панама
Poland	Польша
Romania	Румыния
Senegal	Сенегал
Spain	Испания
Venezuela	Венесуэла
Vietnam	Вьетнам

Countries #2
Елдер #2

Albania	Албания
Denmark	Дания
Ethiopia	Эфиопия
Greece	Греция
Haiti	Гаити
Jamaica	Ямайка
Japan	Жапония
Laos	Лаос
Lebanon	Ливан
Liberia	Либерия
Mexico	Мексика
Nepal	Непал
Nigeria	Нигерия
Pakistan	Пәкістан
Russia	Ресей
Somalia	Сомали
Sudan	Судан
Syria	Сирия
Uganda	Уганда
Ukraine	Украина

Creativity
Шығармашылық

Artistic	Көркем
Authenticity	Шындық
Clarity	Анықтық
Dramatic	Драмалық
Emotions	Эмоциялар
Expression	Өрнек
Fluidity	Аққыштық
Ideas	Идеялар
Image	Сурет
Imagination	Қиял
Impression	Әсер
Inspiration	Шабыт
Intensity	Қарқындылық
Intuition	Түйсік
Inventive	Өнертабыс
Sensation	Сенсация
Skill	Шеберлік
Spontaneous	Риясыз
Visions	Көріністер
Vitality	Өміршеңдік

Dance
Би

Academy	Академия
Art	Өнер
Body	Дене
Choreography	Хореография
Classical	Классикалық
Cultural	Мәдени
Culture	Мәдениет
Emotion	Эмоция
Expressive	Мәнерлі
Joyful	Қуанышты
Jump	Секіру
Movement	Қозғалыс
Music	Музыка
Partner	Серіктес
Posture	Қалып
Rehearsal	Дайындық
Rhythm	Ритм
Traditional	Дәстүрлі
Visual	Визуалды

Days and Months
Күндер мен Айлар

April	Сәуір
August	Тамыз
Calendar	Күнтізбе
February	Ақпан
Friday	Жұма
January	Қаңтар
July	Шілде
March	Наурыз
Monday	Дүйсенбі
Month	Ай
November	Қараша
October	Қазан
Saturday	Сенбі
September	Қыркүйек
Sunday	Жексенбі
Thursday	Бейсенбі
Tuesday	Сейсенбі
Wednesday	Сәрсенбі
Week	Апта
Year	Жыл

Diplomacy
Дипломатия

Adviser	Кеңесші
Ambassador	Елші
Citizens	Азаматтар
Civic	Азаматтық
Community	Қоғамдастық
Conflict	Қақтығыс
Cooperation	Ынтымақтастық
Diplomatic	Дипломатиялық
Discussion	Талқылау
Embassy	Елшілік
Ethics	Этика
Foreign	Шетел
Government	Үкімет
Humanitarian	Гуманитарлық
Integrity	Тұтастық
Justice	Әділет
Politics	Саясат
Security	Қауіпсіздік
Solution	Шешім
Treaty	Шарт

Driving
Жүргізу

Accident	Апат
Brakes	Тежегіштер
Car	Көлік
Danger	Қауіп
Driver	Жүргізуші
Fuel	Отын
Garage	Гараж
Gas	Газ
License	Лицензия
Map	Карта
Motor	Мотор
Motorcycle	Мотоцикл
Pedestrian	Жаяу Жүргінші
Police	Полиция
Road	Жол
Safety	Қауіпсіздік
Speed	Жылдамдық
Traffic	Трафик
Truck	Жүк
Tunnel	Туннель

Energy
Энергия

Battery	Батарея
Carbon	Көміртек
Diesel	Дизель
Electric	Электрлік
Electron	Электрон
Engine	Қозғалтқыш
Entropy	Энтропия
Environment	Қоршаған Орта
Fuel	Отын
Gasoline	Бензин
Heat	Жылу
Hydrogen	Сутек
Industry	Өнеркәсіп
Motor	Мотор
Nuclear	Ядрой
Photon	Фотон
Pollution	Ластану
Renewable	Жаңартылатын
Turbine	Турбина
Wind	Жел

Engineering
Инженерлік

Angle	Бұрыш
Axis	Ось
Calculation	Есептеу
Construction	Құрылыс
Depth	Тереңдік
Diagram	Диаграмма
Diameter	Диаметрі
Diesel	Дизель
Dimensions	Өлшемдері
Distribution	Тарату
Energy	Энергия
Engine	Қозғалтқыш
Liquid	Сұйықтық
Machine	Машина
Measurement	Өлшем
Motor	Мотор
Stability	Тұрақтылық
Strength	Күш
Structure	Құрылым

Ethics
Этика

Altruism	Альтруизм
Compassion	Жанашырлық
Cooperation	Ынтымақтастық
Dignity	Қадір
Diplomatic	Дипломатиялық
Honesty	Адалдық
Humanity	Адамзат
Individualism	Индивидуализм
Integrity	Тұтастық
Kindness	Мейірімділік
Optimism	Оптимизм
Patience	Шыдамдылық
Philosophy	Философия
Rationality	Ұтымдылық
Realism	Реализм
Reasonable	Абалы
Tolerance	Төзімділік
Values	Құндылықтар
Wisdom	Даналық

Family
Отбасы

Ancestor	Арғы Ата
Aunt	Тәте
Brother	Аға
Child	Бала
Childhood	Балалық Шақ
Children	Балалар
Cousin	Немере Ағасы
Daughter	Қызы
Grandchild	Немере
Grandfather	Атасы
Grandmother	Әже
Grandson	Немересі
Husband	Күйеу
Mother	Ана
Nephew	Жиен
Paternal	Әке
Sister	Әпке
Twins	Егіздер
Uncle	Ағай
Wife	Әйел

Farm #1
Ферма #1

Bee	Ара
Bison	Бизон
Calf	Бұзау
Cat	Мысық
Chicken	Тауық
Cow	Сиыр
Crow	Қарға
Dog	Ит
Donkey	Есек
Fence	Қоршау
Fertilizer	Тыңайтқыш
Field	Өріс
Flock	Отар
Goat	Ешкі
Hay	Пішен
Honey	Бал
Horse	Жылқы
Rice	Күріш
Seeds	Тұқымдар
Water	Су

Farm #2
Ферма #2

Animals	Жануарлар
Barley	Арпа
Barn	Сарай
Corn	Дән
Duck	Үйрек
Farmer	Фермер
Food	Тамақ
Fruit	Жеміс
Geese	Қаздар
Irrigation	Суару
Lamb	Қозы
Llama	Лама
Meadow	Шабындық
Milk	Сүт
Orchard	Бақша
Sheep	Қой
Tractor	Трактор
Vegetable	Көкөніс
Wheat	Бидай

Fashion
Сән

Affordable	Қолжетімді
Boutique	Бутик
Buttons	Түймелер
Clothing	Киім
Comfortable	Ыңғайлы
Elegant	Әдемі
Embroidery	Кестелеу
Expensive	Қымбат
Fabric	Мата
Lace	Шілтер
Measurements	Өлшемдер
Minimalist	Минималист
Modern	Қазіргі
Modest	Қарапайым
Original	Түпнұсқа
Pattern	Үлгі
Practical	Практикалық
Style	Стиль
Texture	Текстура
Trend	Тренд

Flowers
Гүлдер

Bouquet	Букет
Clover	Кловер
Daisy	Дейсі
Dandelion	Одыбаман
Gardenia	Гардения
Hibiscus	Гибискус
Jasmine	Жасмин
Lavender	Лаванда
Lilac	Сирень
Lily	Лили
Magnolia	Магнолия
Orchid	Орхидея
Peony	Пион
Petal	Петал
Plumeria	Плумерия
Poppy	Көкнәр
Rose	Роза
Sunflower	Күнбағыс
Tulip	Қызғалдақ

Food #1
Азық-Түлік #1

Apricot	Өрік
Barley	Арпа
Basil	Райхан
Carrot	Сәбіз
Cinnamon	Даршын
Garlic	Сарымсақ
Juice	Шырын
Lemon	Лимон
Milk	Сүт
Onion	Пияз
Peanut	Жержаңғақ
Pear	Алмұрт
Salad	Салат
Salt	Тұз
Soup	Сорпа
Spinach	Шпинат
Strawberry	Құлпынай
Sugar	Қант
Tuna	Тунец
Turnip	Репа

Food #2
Азық-Түлік #2

Apple	Алма
Artichoke	Артишок
Banana	Банан
Broccoli	Брокколи
Celery	Балдыркөк
Cheese	Сыр
Cherry	Шие
Chicken	Тауық
Chocolate	Шоколад
Egg	Жұмыртқа
Eggplant	Баялды
Fish	Балық
Grape	Жүзім
Ham	Ветчина
Kiwi	Киви
Mushroom	Саңырауқұлақ
Rice	Күріш
Tomato	Қызанақ
Wheat	Бидай
Yogurt	Йогурт

Fruit
Жеміс

Apple	Алма
Apricot	Өрік
Avocado	Авокадо
Banana	Банан
Berry	Жидек
Cherry	Шие
Coconut	Кокос
Fig	Інжір
Grape	Жүзім
Guava	Гуава
Kiwi	Киви
Lemon	Лимон
Mango	Манго
Melon	Қауын
Nectarine	Нектарин
Papaya	Папайа
Peach	Шабдалы
Pear	Алмұрт
Pineapple	Ананас
Raspberry	Таңқурай

Garden
Бақша

Bench	Орындық
Bush	Буш
Fence	Қоршау
Flower	Гүл
Garage	Гараж
Garden	Бақша
Grass	Шөп
Hammock	Гамак
Hose	Шланг
Lawn	Көгал
Pond	Тоған
Rake	Раке
Shovel	Күрек
Soil	Топырақ
Terrace	Терраса
Trampoline	Батут
Tree	Ағаш
Vine	Жүзім
Weeds	Арамшөптер

Geography
География

Altitude	Биіктік
Atlas	Атлас
City	Қала
Continent	Құрлық
Country	Ел
Hemisphere	Жарты Шар
Island	Арал
Latitude	Ендік
Map	Карта
Meridian	Меридиан
Mountain	Тау
North	Солтүстік
Ocean	Мұхит
Region	Аймақ
River	Өзен
Sea	Теңіз
South	Оңтүстік
Territory	Аумақ
West	Батыс
World	Әлем

Geology
Геология

Acid	Қышқыл
Calcium	Кальций
Cavern	Үңгір
Continent	Құрлық
Coral	Маржан
Crystals	Кристалдар
Cycles	Циклдар
Earthquake	Жер Сілкінісі
Erosion	Эрозия
Fossil	Қазба
Geyser	Гейзер
Lava	Лава
Layer	Қабат
Minerals	Минералдар
Plateau	Үстірт
Quartz	Кварц
Salt	Тұз
Stalactite	Сталактит
Stone	Тас
Volcano	Жанартау

Geometry
Геометрия

Angle	Бұрыш
Calculation	Есептеу
Circle	Шеңбер
Curve	Қисық
Diameter	Диаметрі
Dimension	Өлшем
Equation	Теңдеу
Height	Биіктігі
Horizontal	Көлденең
Logic	Логика
Mass	Масса
Number	Сан
Parallel	Параллель
Proportion	Пропорция
Segment	Сегмент
Surface	Бет
Symmetry	Симметрия
Theory	Теория
Triangle	Үшбұрыш
Vertical	Тік

Government
Үкімет

Citizenship	Азаматтық
Constitution	Конституция
Democracy	Демократия
Discussion	Талқылау
Dissent	Келіспеушілік
District	Аудан
Equality	Теңдік
Independence	Тәуелсіздік
Judicial	Сот
Justice	Әділет
Law	Заң
Leader	Көшбасшы
Liberty	Азаттық
Monument	Ескерткіш
Nation	Ұлт
Peaceful	Бейбіт
Politics	Саясат
Speech	Сөз
State	Мемлекет
Symbol	Символ

Hair Types
Шаш Түрлері

Bald	Таз
Black	Қара
Blond	Аққұба
Braided	Өрілген
Braids	Өрім
Brown	Қоңыр
Curly	Бұйра
Dry	Құрғақ
Gray	Сұр
Healthy	Сау
Long	Ұзын
Shiny	Жылтыр
Short	Қысқа
Silver	Күміс
Smooth	Тегіс
Soft	Жұмсақ
Thick	Жуан
Thin	Жұқа
Wavy	Толқынды
White	Ақ

Health and Wellness #1
Денсаулық Және Сауықтыру

Bacteria	Бактериялар
Bones	Сүйектер
Clinic	Клиника
Doctor	Дәрігер
Fracture	Сынық
Habit	Әдет
Height	Биіктігі
Hormones	Гормондар
Hunger	Аштық
Injury	Жарақат
Medicine	Дәрі
Nerves	Нервтер
Pharmacy	Дәріхана
Posture	Қалып
Reflex	Рефлекс
Relaxation	Демалыс
Skin	Тері
Therapy	Терапия
Treatment	Емдеу
Virus	Вирус

Health and Wellness #2
Денсаулық Және Сауықтыру

Allergy	Аллергия
Anatomy	Анатомия
Appetite	Тәбет
Blood	Қан
Calorie	Калория
Dehydration	Сусыздандыру
Diet	Диета
Disease	Ауру
Energy	Энергия
Genetics	Генетика
Healthy	Сау
Hospital	Аурухана
Hygiene	Гигиена
Infection	Инфекция
Massage	Массаж
Mood	Көңіл-Күй
Nutrition	Тамақтану
Stress	Стресс
Vitamin	Витамин
Weight	Салмақ

Herbalism
Шөптілік

Aromatic	Хош Иісті
Basil	Райхан
Beneficial	Тиімді
Culinary	Аспаздық
Fennel	Аскөк
Flavor	Хош Иіс
Flower	Гүл
Garden	Бақша
Garlic	Сарымсақ
Green	Жасыл
Ingredient	Ингредиент
Lavender	Лаванда
Marjoram	Маржорам
Mint	Жалбыз
Oregano	Орегано
Parsley	Ақжелкен
Plant	Өсімдік
Rosemary	Розмари
Saffron	Шафран
Tarragon	Таррагон

Hiking
Жаяу Серуендеу

Animals	Жануарлар
Boots	Етік
Camping	Кемпинг
Cliff	Клиф
Climate	Климат
Hazards	Қауіптер
Heavy	Ауыр
Map	Карта
Mosquitoes	Масалар
Mountain	Тау
Nature	Табиғат
Orientation	Бағдарлау
Parks	Саябақтар
Preparation	Дайындық
Stones	Тастар
Summit	Саммит
Sun	Күн
Tired	Шаршаған
Water	Су
Wild	Жабайы

House
Үй

Attic	Шатыр
Basement	Жертөле
Broom	Сыпырғыш
Curtains	Перделер
Door	Есік
Fence	Қоршау
Fireplace	Камин
Floor	Еден
Furniture	Жиһаз
Garage	Гараж
Garden	Бақша
Keys	Кілттер
Kitchen	Ас Үй
Lamp	Шам
Library	Кітапхана
Mirror	Айна
Room	Бөлме
Shower	Душ
Wall	Қабырға
Window	Терезе

Human Body
Адам Денесі

Ankle	Тобық
Blood	Қан
Bones	Сүйектер
Brain	Ми
Chin	Иек
Ear	Құлақ
Elbow	Шынтақ
Face	Бет
Finger	Саусақ
Hand	Қол
Head	Бас
Heart	Жүрек
Jaw	Жақ
Knee	Тізе
Leg	Аяқ
Mouth	Ауыз
Neck	Мойын
Nose	Мұрын
Shoulder	Иық
Skin	Тері

Jazz
Джаз

Album	Альбом
Artist	Әртіс
Composer	Композитор
Composition	Құрамы
Concert	Концерт
Drums	Барабандар
Emphasis	Екпін
Famous	Атты
Favorites	Таңдаулылар
Genre	Жанр
Improvisation	Импровизация
Music	Музыка
New	Жаңа
Old	Ескі
Orchestra	Оркестр
Rhythm	Ритм
Song	Ән
Style	Стиль
Talent	Талант
Technique	Техника

Landscapes
Пейзаждар

Beach	Жағажай
Cave	Үңгір
Desert	Шөл
Geyser	Гейзер
Glacier	Мұздық
Hill	Хилл
Iceberg	Айсберг
Island	Арал
Lake	Көл
Mountain	Тау
Oasis	Оазис
Ocean	Мұхит
Peninsula	Түбек
River	Өзен
Sea	Теңіз
Swamp	Батпақ
Tundra	Тундра
Valley	Алғап
Volcano	Жанартау
Waterfall	Сарқырама

Literature
Әдебиет

Analogy	Аналогия
Analysis	Талдау
Anecdote	Анекдот
Author	Автор
Biography	Өмірбаяны
Comparison	Салыстыру
Conclusion	Қорытынды
Description	Сипаттама
Dialogue	Диалог
Genre	Жанр
Metaphor	Метафора
Novel	Роман
Opinion	Пікір
Poem	Өлең
Poetic	Поэтикалық
Rhyme	Рифма
Rhythm	Ритм
Style	Стиль
Theme	Тақырып
Tragedy	Трагедия

Mammals
Сүт Қоректілер

Bear	Аю
Beaver	Бивер
Bull	Бұқа
Cat	Мысық
Coyote	Койот
Dog	Ит
Dolphin	Дельфин
Elephant	Піл
Fox	Түлкі
Giraffe	Жираф
Gorilla	Горилла
Horse	Жылқы
Kangaroo	Кенгуру
Lion	Арыстан
Monkey	Маймыл
Rabbit	Қоян
Sheep	Қой
Whale	Кит
Wolf	Қасқыр
Zebra	Зебра

Math
Математика

Angles	Бұрыштар
Arithmetic	Арифметика
Circumference	Шеңбер
Decimal	Ондық
Diameter	Диаметрі
Equation	Теңдеу
Exponent	Экспонент
Geometry	Геометрия
Numbers	Сандар
Parallel	Параллель
Perimeter	Периметр
Polygon	Полигон
Radius	Радиус
Rectangle	Төртбұрыш
Sphere	Сфера
Symmetry	Симметрия
Triangle	Үшбұрыш
Volume	Көлем

Measurements
Өлшеулер

Byte	Байт
Centimeter	Сантиметр
Decimal	Ондық
Degree	Дәреже
Depth	Тереңдік
Gram	Грамм
Height	Биіктігі
Inch	Дюйм
Kilogram	Килограмм
Kilometer	Километр
Length	Ұзындық
Liter	Литр
Mass	Масса
Meter	Метр
Minute	Минут
Ounce	Унция
Ton	Тон
Volume	Көлем
Weight	Салмақ
Width	Ені

Meditation
Медитация

Acceptance	Қабылдау
Attention	Назар
Awake	Ояну
Breathing	Тыныс Алу
Calm	Тыныш
Clarity	Анықтық
Compassion	Жанашырлық
Emotions	Эмоциялар
Gratitude	Алғыс
Habits	Әдеттер
Kindness	Мейірімділік
Mental	Ой
Mind	Ақыл
Movement	Қозғалыс
Music	Музыка
Nature	Табиғат
Perspective	Перспектива
Silence	Тыныштық
Thoughts	Ойлар
To Learn	Үйрену

Music
Музыка

Album	Альбом
Ballad	Баллада
Chorus	Хор
Classical	Классикалық
Harmonic	Гармоникалық
Harmony	Гармония
Instrument	Құрал
Lyrical	Лирикалық
Melody	Әуен
Microphone	Микрофон
Musical	Музыкалық
Musician	Музыкант
Opera	Опера
Poetic	Поэтикалық
Recording	Жазу
Rhythm	Ритм
Rhythmic	Ырғақты
Singer	Әнші
Tempo	Темпо
Vocal	Вокал

Musical Instruments
Музыкалық Аспаптар

Banjo	Банжо
Bassoon	Фагот
Cello	Виолончель
Clarinet	Кларнет
Drum	Барабан
Flute	Флейта
Gong	Гонг
Guitar	Гитара
Harmonica	Гармоника
Harp	Арфа
Mandolin	Мандолин
Marimba	Маримба
Oboe	Обой
Percussion	Перкуссия
Piano	Фортепиано
Saxophone	Саксофон
Tambourine	Бубен
Trombone	Тромбон
Trumpet	Құбыр
Violin	Скрипка

Mythology
Мифология

Archetype	Архетип
Behavior	Мінез-Құлық
Creation	Жасау
Creature	Жаратылыс
Culture	Мәдениет
Deities	Құдайлар
Disaster	Апат
Heaven	Аспан
Hero	Батыр
Immortality	Өлместік
Jealousy	Қызғаныш
Labyrinth	Лабиринт
Legend	Аңыз
Lightning	Найзағай
Magical	Сиқырлы
Monster	Құбыжық
Mortal	Ажал
Revenge	Кек
Strength	Күш
Warrior	Жауынгер

Numbers
Сандар

Decimal	Ондық
Eight	Сегіз
Eighteen	Он Сегіз
Fifteen	Он Бес
Five	Бес
Four	Төрт
Fourteen	Он Төрт
Nine	Тоғыз
Nineteen	Он Тоғыз
One	Бір
Seven	Жеті
Seventeen	Он Жеті
Six	Алты
Sixteen	Он Алты
Ten	Он
Thirteen	Он Үш
Three	Үш
Twelve	Он Екі
Twenty	Жиырма
Two	Екі

Nutrition
Тамақтану

Appetite	Тәбет
Bitter	Ащы
Calories	Калория
Carbohydrates	Көмірсулар
Diet	Диета
Digestion	Ас Қорыту
Edible	Съедобный
Fermentation	Ашыту
Flavor	Хош Иіс
Habits	Әдеттер
Health	Денсаулық
Healthy	Сау
Liquids	Сұйықтықтар
Nutrient	Қоректік
Proteins	Ақуыздар
Quality	Сапа
Sauce	Тұздық
Toxin	Токсин
Vitamin	Витамин
Weight	Салмақ

Ocean
Мұхит

Algae	Балдырлар
Boat	Қайық
Coral	Маржан
Crab	Теңіз Шаяны
Dolphin	Дельфин
Eel	Жылан
Fish	Балық
Jellyfish	Медуза
Octopus	Сегізаяқ
Oyster	Устрица
Reef	Риф
Salt	Тұз
Shark	Акула
Shrimp	Асшаян
Sponge	Губка
Storm	Дауыл
Tuna	Тунец
Turtle	Тасбақа
Waves	Толқындар
Whale	Кит

Pets
Үй Жануарлары

Cat	Мысық
Claws	Тырнақтар
Collar	Жаға
Cow	Сиыр
Dog	Ит
Fish	Балық
Food	Тамақ
Goat	Ешкі
Hamster	Хамстер
Kitten	Китен
Lizard	Кесіртке
Mouse	Тышқан
Parrot	Паррот
Paws	Табандар
Puppy	Күшік
Rabbit	Қоян
Tail	Құйрық
Turtle	Тасбақа
Veterinarian	Мал Дәрігері
Water	Су

Philanthropy
Меценатропия

Charity	Қайырымдылық
Children	Балалар
Community	Қоғамдастық
Contacts	Байланыстар
Finance	Қаржы
Funds	Қорлар
Generosity	Жомарттық
Goals	Мақсаттар
Groups	Топтар
History	Тарих
Honesty	Адалдық
Humanity	Адамзат
Mission	Миссия
Need	Қажеттілік
People	Адамдар
Programs	Бағдарламалар
Public	Қоғамдық
Youth	Жастар

Photography
Фотосурет

Black	Қара
Camera	Камера
Color	Түс
Composition	Құрамы
Contrast	Контраст
Darkness	Қараңғылық
Definition	Анықтама
Exhibition	Көрме
Format	Пішім
Lighting	Жарықтандыру
Object	Нысан
Perspective	Перспектива
Portrait	Портрет
Shadows	Көлеңкелер
Soften	Жұмсарту
Subject	Тақырып
Texture	Текстура
Visual	Визуалды

Physics
Физика

Acceleration	Үдеу
Atom	Атом
Chaos	Хаос
Chemical	Химиялық
Density	Тығыздық
Electron	Электрон
Engine	Қозғалтқыш
Expansion	Кеңейту
Experiment	Эксперимент
Formula	Формула
Frequency	Жиілік
Gas	Газ
Magnetism	Магнетизм
Mass	Масса
Mechanics	Механика
Molecule	Молекула
Nuclear	Ядрой
Particle	Бөлшек
Universal	Әмбебап
Velocity	Жылдамдық

Plants
Өсімдіктер

Bamboo	Бамбук
Bean	Бұршақ
Berry	Жидек
Botany	Ботаника
Bush	Буш
Cactus	Кактус
Fertilizer	Тыңайтқыш
Flora	Флора
Flower	Гүл
Foliage	Жапырақ
Forest	Орман
Garden	Бақша
Grass	Шөп
Ivy	Шырмауық
Moss	Мүк
Petal	Петал
Root	Түбір
Stem	Сабақ
Tree	Ағаш
Vegetation	Өсімдік

Politics
Саясат

Activist	Белсенді
Campaign	Науқан
Candidate	Кандидат
Choice	Таңдау
Committee	Комитет
Council	Кеңес
Equality	Теңдік
Ethics	Этика
Freedom	Еркіндік
Government	Үкімет
National	Ұлттық
Opinion	Пікір
Policy	Саясат
Politician	Саясаткер
Popularity	Танымалдық
Strategy	Стратегия
Taxes	Салықтар
Victory	Жеңіс

Professions #1
Мамандықтар #1

Ambassador	Елші
Astronomer	Астроном
Attorney	Адвокат
Banker	Банкер
Cartographer	Картограф
Coach	Жаттықтырушы
Dancer	Биші
Doctor	Дәрігер
Editor	Редактор
Geologist	Геолог
Hunter	Аңшы
Jeweler	Зергер
Musician	Музыкант
Nurse	Медбике
Pianist	Пианист
Plumber	Сантехник
Psychologist	Психолог
Sailor	Теңізші
Tailor	Тігінші
Veterinarian	Мал Дәрігері

Professions #2
Мамандықтар #2

Astronaut	Ғарышкер
Biologist	Биолог
Dentist	Стоматолог
Detective	Детектив
Engineer	Инженер
Farmer	Фермер
Gardener	Бағбан
Illustrator	Иллюстратор
Inventor	Өнертапқыш
Journalist	Журналист
Librarian	Кітапханашы
Linguist	Лингвист
Painter	Суретші
Philosopher	Философ
Photographer	Фотограф
Physician	Дәрігер
Pilot	Ұшқыш
Surgeon	Хирург
Teacher	Оқытушы
Zoologist	Зоолог

Psychology
Психология

Assessment	Бағалау
Behavior	Мінез-Құлық
Childhood	Балалық Шақ
Clinical	Клиникалық
Cognition	Таным
Conflict	Қақтығыс
Dreams	Арман
Ego	Эго
Emotions	Эмоциялар
Experiences	Тәжірибелер
Ideas	Идеялар
Memories	Естеліктер
Perception	Қабылдау
Personality	Тұлға
Problem	Мәселе
Reality	Шындық
Sensation	Сенсация
Therapy	Терапия
Thoughts	Ойлар
Unconscious	Ессіз

Restaurant #1
Мейрамхана #1

Allergy	Аллергия
Bowl	Тостаған
Bread	Нан
Cashier	Кассир
Chicken	Тауық
Coffee	Кофе
Dessert	Десерт
Food	Тамақ
Ingredients	Ингредиенттер
Kitchen	Ас Үй
Knife	Пышақ
Meat	Ет
Menu	Мәзір
Napkin	Майлық
Reservation	Брондау
Sauce	Тұздық
Spicy	Ащы
Waitress	Даяшы

Restaurant #2
Мейрамхана #2

Beverage	Сусын
Cake	Торт
Chair	Кресло
Delicious	Дәмді
Dinner	Кешкі Ас
Eggs	Жұмыртқа
Fish	Балық
Fork	Шанышқы
Fruit	Жеміс
Ice	Мұз
Lunch	Түскі Ас
Noodles	Кеспе
Salad	Салат
Salt	Тұз
Soup	Сорпа
Spices	Дәмдеуіштер
Spoon	Қасық
Vegetables	Көкөністер
Waiter	Даяшы
Water	Су

Science
Ғылым

Atom	Атом
Chemical	Химиялық
Climate	Климат
Data	Деректер
Evolution	Эволюция
Experiment	Эксперимент
Fact	Факт
Fossil	Қазба
Gravity	Ауырлық
Hypothesis	Гипотеза
Laboratory	Зертхана
Method	Әдіс
Minerals	Минералдар
Molecules	Молекулалар
Nature	Табиғат
Observation	Бақылау
Particles	Бөлшектер
Physics	Физика
Plants	Өсімдіктер
Scientist	Ғалым

Science Fiction
Ғылыми Фантастика

Atomic	Атом
Books	Кітаптар
Cinema	Кинотеатр
Clones	Клондар
Distant	Алыс
Dystopia	Дистопия
Explosion	Жарылыс
Fantastic	Фантастикалық
Fire	От
Futuristic	Футуристік
Galaxy	Галактика
Illusion	Елес
Imaginary	Қиял
Mysterious	Жұмбақ
Oracle	Оракул
Planet	Планета
Robots	Роботтар
Technology	Технология
Utopia	Утопия
World	Әлем

Scientific Disciplines
Ғылыми Пәндер

Anatomy	Анатомия
Archaeology	Археология
Astronomy	Астрономия
Biochemistry	Биохимия
Biology	Биология
Botany	Ботаника
Chemistry	Химия
Ecology	Экология
Geology	Геология
Immunology	Иммунология
Kinesiology	Кинезиология
Linguistics	Лингвистика
Mechanics	Механика
Mineralogy	Минералогия
Neurology	Неврология
Physiology	Физиология
Psychology	Психология
Sociology	Әлеуметтану
Thermodynamics	Термодинамика
Zoology	Зоология

Shapes
Пішіндер

Arc	Доға
Circle	Шеңбер
Cone	Конус
Corner	Бұрыш
Cube	Текше
Curve	Қисық
Cylinder	Цилиндр
Ellipse	Эллипс
Hyperbola	Гипербола
Line	Сызық
Oval	Сопақ
Polygon	Полигон
Prism	Призма
Pyramid	Пирамида
Rectangle	Төртбұрыш
Round	Дөңгелек
Side	Жай
Sphere	Сфера
Triangle	Үшбұрыш

Spices
Дәмдеуіштер

Anise	Анис
Bitter	Ащы
Cardamom	Кардамон
Cinnamon	Даршын
Clove	Қалампыр
Coriander	Кориандр
Cumin	Зире
Curry	Карри
Fennel	Аскөк
Fenugreek	Фенугрек
Flavor	Хош Иіс
Garlic	Сарымсақ
Ginger	Зімбір
Licorice	Мия
Onion	Пияз
Paprika	Паприка
Saffron	Шафран
Salt	Тұз
Sweet	Тәтті
Vanilla	Ваниль

Sport
Спорт

Ability	Қабілет
Athlete	Спортшы
Body	Дене
Bones	Сүйектер
Coach	Жаттықтырушы
Cycling	Велосипед
Dancing	Би
Diet	Диета
Endurance	Төзімділік
Goal	Мақсат
Health	Денсаулық
Jogging	Жүгіру
Maximize	Ұлғайту
Metabolic	Метаболикалық
Nutrition	Тамақтану
Program	Бағдарлама
Sports	Спорт
Strength	Күш

Sports
Спорт

Athlete	Спортшы
Baseball	Бейсбол
Basketball	Баскетбол
Bicycle	Велосипед
Championship	Чемпионат
Coach	Жаттықтырушы
Game	Ойын
Golf	Гольф
Gymnasium	Гимназия
Gymnastics	Гимнастика
Hockey	Хоккей
Movement	Қозғалыс
Player	Ойыншы
Referee	Төреші
Stadium	Стадион
Team	Команда
Tennis	Теннис
Winner	Жеңімпаз

Technology
Технология

Blog	Блог
Browser	Браузер
Bytes	Байттар
Camera	Камера
Computer	Компьютер
Cursor	Курсор
Data	Деректер
Digital	Сандық
Display	Дисплей
File	Файл
Font	Қаріп
Internet	Интернет
Message	Хабарлама
Research	Зерттеу
Screen	Экран
Security	Қауіпсіздік
Statistics	Статистика
Virtual	Виртуалды
Virus	Вирус

The Company
Компания

Business	Бизнес
Creative	Шығармашылық
Decision	Шешім
Industry	Өнеркәсіп
Innovative	Инновациялық
Investment	Инвестициялар
Possibility	Мүмкіндік
Presentation	Тапсыру
Product	Өнім
Professional	Кәсіби
Progress	Прогресс
Quality	Сапа
Reputation	Бедел
Resources	Ресурстар
Revenue	Табыс
Risks	Тәуекелдер
Units	Бірлік
Wages	Жалақы

The Media
Бақ

Advertisements	Жарнамалар
Commercial	Коммерциялық
Communication	Байланыс
Digital	Сандық
Edition	Басылым
Education	Білім
Facts	Фактілер
Funding	Қаржыландыру
Individual	Жеке
Industry	Өнеркәсіп
Intellectual	Зияткерлік
Local	Жергілікті
Magazines	Журналдар
Network	Желі
Newspapers	Газеттер
Online	Желіде
Opinion	Пікір
Public	Қоғамдық
Radio	Радио
Television	Теледидар

Time
Уақыт

Annual	Жыл Сайынғы
Before	Бұрын
Calendar	Күнтізбе
Century	Ғасыр
Day	Күн
Decade	Он Жылдық
Early	Ерте
Future	Келешек
Hour	Сағат
Minute	Минут
Month	Ай
Morning	Таң
Night	Түн
Noon	Түс
Now	Қазір
Soon	Жақында
Today	Бүгін
Week	Апта
Year	Жыл
Yesterday	Кеше

Town
Қала

Airport	Әуежай
Bakery	Наубайхана
Bank	Банк
Bookstore	Кітап Дүкені
Cafe	Кафе
Cinema	Кинотеатр
Clinic	Клиника
Florist	Флорист
Gallery	Галерея
Hotel	Қонақ Үй
Library	Кітапхана
Market	Нарық
Museum	Мұражай
Pharmacy	Дәріхана
School	Мектеп
Stadium	Стадион
Store	Дүкен
Supermarket	Супермаркет
Theater	Театр
University	Университет

Universe
Ғалам

Asteroid	Астероид
Astronomer	Астроном
Astronomy	Астрономия
Atmosphere	Атмосфера
Cosmic	Ғарыш
Darkness	Қараңғылық
Eon	Эон
Equator	Экватор
Galaxy	Галактика
Hemisphere	Жарты Шар
Horizon	Көкжиек
Latitude	Ендік
Moon	Ай
Orbit	Орбита
Sky	Аспан
Solar	Күн
Solstice	Құңырақ
Telescope	Телескоп
Visible	Көрінетін
Zodiac	Зодиак

Vacation #2
Демалыс #2

Airport	Әуежай
Beach	Жағажай
Camping	Кемпинг
Foreign	Шетел
Foreigner	Шетелдік
Holiday	Мереке
Hotel	Қонақ Үй
Island	Арал
Journey	Саяхат
Leisure	Бос Уақыт
Map	Карта
Mountains	Таулар
Passport	Паспорт
Restaurant	Ресторан
Sea	Теңіз
Taxi	Такси
Tent	Шатыр
Train	Пойыз
Transportation	Тасымалдау
Visa	Виза

Vegetables
Көкөністер

Artichoke	Артишок
Broccoli	Брокколи
Carrot	Сәбіз
Celery	Балдыркөк
Cucumber	Қияр
Eggplant	Баялды
Garlic	Сарымсақ
Ginger	Зімбір
Mushroom	Саңырауқұлақ
Olive	Зәйтүн
Onion	Пияз
Parsley	Ақжелкен
Pea	Бұршақ
Pumpkin	Асқабақ
Radish	Шалғам
Salad	Салат
Shallot	Шалот
Spinach	Шпинат
Tomato	Қызанақ
Turnip	Репа

Vehicles
Көлік Құралдары

Airplane	Ұшақ
Ambulance	Жедел Жәрдем
Bicycle	Велосипед
Boat	Қайық
Bus	Автобус
Car	Көлік
Caravan	Керуен
Engine	Қозғалтқыш
Ferry	Паром
Helicopter	Тікұшақ
Motor	Мотор
Raft	Сал
Rocket	Зымыран
Scooter	Скутер
Submarine	Сүңгуір Қайық
Subway	Метро
Taxi	Такси
Tires	Шиналар
Tractor	Трактор
Truck	Жүк

Visual Arts
Бейнелеу Өнері

Architecture	Сәулет
Artist	Әртіс
Ceramics	Керамика
Chalk	Бор
Charcoal	Көмір
Clay	Балшық
Composition	Құрамы
Creativity	Шығармашылық
Easel	Мольберт
Film	Фильм
Masterpiece	Жауһар
Pen	Қалам
Pencil	Қарындаш
Perspective	Перспектива
Portrait	Портрет
Sculpture	Мүсін
Varnish	Лак
Wax	Балауыз

Weather
Ауа Райы

Atmosphere	Атмосфера
Calm	Тыныш
Climate	Климат
Cloud	Бұлт
Cloudy	Бұлтты
Drought	Құрғақшылық
Dry	Құрғақ
Fog	Тұман
Humid	Дымқыл
Ice	Мұз
Lightning	Найзағай
Polar	Поляр
Rainbow	Кемпірқосақ
Sky	Аспан
Storm	Дауыл
Temperature	Температура
Tornado	Торнадо
Tropical	Тропикалық
Wind	Жел

Congratulations

You made it!

We hope you enjoyed this book as much as we enjoyed making it. We do our best to make high quality games.
These puzzles are designed in a clever way for you to learn actively while having fun!

Did you love them?

A Simple Request

Our books exist thanks your reviews. Could you help us by leaving one now?

Here is a short link which will take you to your order review page:

BestBooksActivity.com/Review50

MONSTER CHALLENGE!

Challenge #1

Ready for Your Bonus Game? We use them all the time but they are not so easy to find. Here are **Synonyms**!

Note 5 words you discovered in each of the Puzzles noted below (#21, #36, #76) and try to find 2 synonyms for each word.

Note 5 Words from *Puzzle 21*

Words	Synonym 1	Synonym 2

Note 5 Words from *Puzzle 36*

Words	Synonym 1	Synonym 2

Note 5 Words from *Puzzle 76*

Words	Synonym 1	Synonym 2

Challenge #2

Now that you are warmed-up, note 5 words you discovered in each Puzzle noted below (#9, #17, #25) and try to find 2 antonyms for each word. How many lines can you do in 20 minutes?

Note 5 Words from **Puzzle 9**

Words	Antonym 1	Antonym 2

Note 5 Words from **Puzzle 17**

Words	Antonym 1	Antonym 2

Note 5 Words from **Puzzle 25**

Words	Antonym 1	Antonym 2

Challenge #3

Wonderful, this monster challenge is nothing to you!

Ready for the last one? Choose your 10 favorite words discovered in any of the Puzzles and note them below.

1.	6.
2.	7.
3.	8.
4.	9.
5.	10.

Now, using these words and within a maximum of six sentences, your challenge is to compose a text about a person, animal or place that you love!

Tip: You can use the last blank page of this book as a draft!

Your Writing:

Explore a Unique Store
Set Up **FOR YOU!**

MEGA DEALS

BestActivityBooks.com/**TheStore**

Designed for Entertainment!

Light Up Your Brain With Unique **Gift Ideas**.

Access **Surprising** And **Essential Supplies!**

CHECK OUT OUR MONTHLY SELECTION NOW!

- Expertly Crafted Products -

NOTEBOOK:

SEE YOU SOON!

Linguas Classics Team

BESTACTIVITYBOOKS.COM/FREEGAMES